주황색 거짓말

주황색 거짓말

초판 1쇄 발행 2024

지은이 ㅣ 권담희
펴낸이 ㅣ 박서영
펴낸곳 ㅣ 한국산문

편집인 ㅣ 정진희, 박윤정
디자인 ㅣ 이성화

등록 ㅣ 제2013-000054호
주소 ㅣ 03131 서울특별시 종로구 율곡로6길 36, 207호 208호
전화 ㅣ 02-707-3071   팩스 ㅣ 02-707-3072
이메일 ㅣ koreaessay@hanmail.net

ISBN 979-11-983084-9-8 (03810)
ⓒ 권담희 2024

값 16,000원

※ 이 책 내용의 전부 또는 일부를 재사용하려면
   저작권자와 한국산문의 동의를 받아야 합니다.

권담희 에세이

주황색 거짓말

한국산문

작가의 말

스프링 '락'

"유머감각이 없는 사람은 스프링이 없는 마차와 같다. 길 위의 모든 조약돌마다 삐걱거린다." 19세기 미국의 회중교 목사이며 저널리스트, 사회 개혁 운동가, 그리고 연설가이기도 한 헨리 워드 비처Henry Ward Beecher는 일찍이 유머에 관해 이런 명언을 남겼다. 이 기발한 비유에 마차의 스프링 같은 감각이 내게도 있지 않나 생각했다.

수필쓰기를 시작하고 글을 완성한 후 아들에게 읽어보라 건넸는데 피드백이 없어 닦달한 적이 있다. 녀석의 대답은 움직임이 없는 글자를 보고 있는 게 힘들다나, 뭐라나. 그래, 학교 다닐 때 그래서 공부를 못했구나. 태곳적 수렵본능이 유전 인자 속에 깊이 남아 있어 종이에 딱 붙박여 있는 글자보다는 총 쏘고 칼 휘두르는 게임에 진심이었구나.

녀석의 눈을 텍스트에 붙들어 맬 방법이 없을까. 흥미진진한 내용으로 글자가 움직이는 듯한 착시 현상을 만들어볼까. 생각해보니 이건 꼭 아들 녀석만의 일은 아닐 터. 책을 읽는 사람이 귀한 시대에 기왕이면 읽히는 수필을 쓰고 싶었다.

등단작 「무엇에 쓰는 물건이었을꼬」를 발표했을 때 유머수필집을 언급하신 임헌영 스승님의 격려가 시작이었다. 재미에 8할을 둔 흥미로운 소재를 찾아 기억의 방을 헤집어 드나들며 어린 시절을 소환하고 주변을 관찰하고 인물들을 살폈다. 수필 문학의 본령은 재미와 정보(interesting & information)라는 스승님 말씀에 키보드 누르는 손끝이 스프링처럼 통통 튀었다.

「콜라네 백합」을 읽고 난 아들의 반응이 꽤 흥미로웠다. "엄마, 이 글은 시간이 너무 짧게 느껴지던데." 글이 재미있어 순식간에 읽었다는 나름의 은유였다. 성공인가? 그러다 언제부턴가 스토리 위주, 단순한 에피소드로 오락성에만 치우친 건 아닐까 자기검열을 했다. 깊은 사유와 성찰을 통해 감동이 있는 문학적인 작품도 써야 한다는 강박이 생겼다. 하지만 게으른 기질 탓에 얼치기 작품 몇 편 내놓았고, 강박은 아직 진행 중이다.

책 한 권을 관통하는 폼 나는 주제는 없지만 애써 찾아보자면 '희로애락喜怒哀樂'이라고 할까. 다만 스프링 같은 '락'의 비중이 좀 된다. 독자가 있다면 이 책을 통해 가끔은 사색하고 또 가끔은 울컥도 하고 그리고 많이 '락' 했으면 좋겠다.

글은 물론이고 사람과 삶을 대하는 태도까지 본보기가 되어주신 스승님 덕분에 내 인생 첫 책을 엮을 수 있음을 고백한다. 「수수밭길」 도반들의 애정 가득한 시선에도 고마움을 전한다. '스터디 그룹'이라 쓰고 '수다 그룹'이라 읽는 「아흐동동다리」의 동기간 같은 아흐동 주민들이 내어주는 어깨가 있어 든든했다. 부족한 글 살펴주고 다듬어 준 모태와도 같은 「한국산문」 출판부에도 감사드린다.

본인 의사와 상관없이 글의 소재로 등장한 모든 등장인물에 머리 숙여 고마움을 표한다. 혹여 마음에 안 들게 표현됐더라도 혜량하여 줄 것을 부탁한다. 특히 다소 희화적으로 묘사한 부분이 없지 않은 남편에게는 미안함과 고마움을 동시에 보낸다. 움직이지 않는 글자임에도 한 번씩 읽어주고 힘 나는 독후감을 전해 준 큰아들, 아흐동 주민들과 함께 수필 읽어주는 유튜브 채널 「수필.넷」 운영 당시 비싼 마이크까지 선물하며 격하게 응원해 준 작은아들 내외, 그리고 꿀단지 손녀 오윤지에게 고마운 마음 한가득이다.

주황색 거짓말의 주인공, 귀남에게는 어떻게 전할까. 책이 나오면 제일 먼저 그녀에게 달려갈까. 묘비 앞에서 가만히 읽어드리면 귀남은 또 덮어놓고 잘 썼다, 잘 썼다 하겠지.

2024년 4월
권담희

차 례

작가의 말

스프링 '락' · 4

1부 봄빛 바람

콜라네 백합 · 15

주황색 거짓말 · 19

애들이 다 똑같이 생겼어 · 26

차 대가리 빠졌다 · 32

살구나무집 희야 · 38

그 겨울의 자양분糞 · 44

무엇에 쓰는 물건이었을꼬 · 50

2부 새빨간 현생

(가)족 같은 분위기 · 59

냉동팬티 · 64

밥도둑과 엄마찬's · 69

촌발 날리기 · 76

한 달에 삼천만 원 · 81

전지적 침대 시점 · 87

집에 가고 싶다 증후군 · 93

면수 · 99

3부 하얀 눈물

꽃이 문을 쾅 닫고 · 109

엄마의 안 박사 · 115

무브 투 헤븐 · 121

아버지 쉰에 나를 낳으시고 · 127

웬일일까 당당당당 · 133

회다지 소리 · 139

그녀의 타인 · 145

4부 보랏빛 마음자리

홍 약방집 자두 · 155

적바림 · 159

그 여자네 밥 냄새 · 166

유죄추정 · 172

30초 · 177

삼매에 들겠네 · 182

어떤 자세 · 188

5부 파르스름한 욱

다른 사람의 신발을 신어보라 · 195

동거인 · 200

로제트 방식 · 207

맹자 조카 · 212

부스럼 딱지 내 살 되나 · 219

죽은 놈 머시기 만지기 · 225

6부 노란 내일

개항장 거리의 슈퍼워크 · 233

하있다 · 240

미끼와 꿀물 · 246

리얼미 거울 · 252

마산 간고등어 · 258

망막정맥폐쇄증 · 264

사위 살림, 아들 살림 · 270

부록

통계통계, 울끈불끈- 조정래『아리랑』문학 기행 · 277

작품 해설 · 299

콜라네 백합

주황색 거짓말

애들이 다 똑같이 생겼어

차 대가리 빠짓다

살구나무집 희야

그 겨울의 자양분糞

무엇에 쓰는 물건이었을꼬

콜라네 백합

잠이 오지 않았다. 누군가 봤을 것만 같았다. 마당으로 난 조그만 들창 구멍으로 어떤 눈동자와 마주친 것도 같고, '야! 무슨 짓이야?' 하는 소리도 들은 것 같았다. 전날 밤 부아가 나서 밤새 뒤척일 때와는 다른 불면이었다. 이렇게 마음이 불편할 줄 몰랐다.

한낮이었다. 햇빛이 콕콕 정수리를 쪼았다. 학교 수업이 일찍 끝나 아랫마을에 사는 친구들과 헤어져서 혼자 개울물을 거슬러 골짜기로 올라갔다. 그 골짜기 끝에는 단 두 집이 있었고 뒤쪽에 있는 우리 집에 가기 위해서는 콜라네 집을 지나야 했다.
콜라네 집에는 딸이 많았다. 도시에 나가 있는 큰언니를 빼더라도 딸이 네 명이나 되었다. 콜라는 선도 안 보고 데려간다는 셋째 딸이었다. 콜라병처럼 예쁘게 생겨 그랬을까? 언제 누가 붙여줬

봄빛 바람 15

는지 모르지만, 그 아이는 본 이름 대신 어려서부터 줄곧 콜라라고 불렀다.

남자 형제 많은 우리 집 분위기와는 다르게 그 집은 늘 북적북적하고 시끄러웠다. 싸울 때는 언니, 동생도 없었다. 그러다가도 다른 집 아이하고 싸움이 붙으면 그들은 순식간에 똘똘 뭉쳤다. 머리핀 따먹기를 하다가도, 고무줄놀이를 하다가도 누군가와 시비가 붙으면 콜라네 언니, 동생들은 죄 몰려와서 상대 아이의 머리카락을 순식간에 낚아챘다. 여자아이들 싸움은 머리끄덩이 싸움이다. 잡히면 싸움은 그걸로 끝나는 것이다.

나와 콜라네는 늘 1 대 4였다. 그러니 여간해서는 싸움에 말려들지 않으려 했다. 나는 어떤 놀이를 하든 승패가 갈라지는 순간 소극적으로 변했다. 일부러라도 지고 싶었다. 그때부터 승부욕이 헐거워진 것인지, 본디부터 없었던 것인지는 모르겠다.

그런데 어쩌다 싸움이 되었는지 나는 전날 된통 당했다. 모지락스럽게 쥐어뜯겨 산발이 된 머릿밑은 또 어찌나 아프던지. 손가락 빗질에도 한 움큼이나 빠진 머리카락을 손에 들고 눈물을 뚝뚝 흘렸다. 어려서는 머리숱도 별로 없었으니 이러다 대머리 되는 건 아닐까 더럭 겁도 났다. 사실 아픈 것도 아픈 것이지만 1 대 4로, 어떻게 손써 볼 틈도 힘도 없이 물리적으로 굴복당한 것이 분하고 억울했다. 편들어 줄 언니도 동생도 없는 것이 서러웠다. 산을 넘어 학교에 가는 일이 있더라도 다시는 그 집 앞을 지나지 않을 것이며 콜라네 자매와는 그 어떤 말도 섞지 않으리라 맹세했다.

그날 한낮, 콜라네는 이상하리만큼 조용했다. 제 주인집 식구보고도 짖어대던 사나운 개, 이름만 순한 '복실이'도 어느 들판을 쏘다니는지 보이지 않았다. 엄마는 가끔 주인들이 사나우니 키우는 개도 사납다고 혀를 끌끌 차기도 했다. 전날의 상처로 절뚝거리는 마음을 달래며 그 집 끝자락쯤에 갔을 때였다. 하얀 조약돌로 오종종하게 경계를 해놓은 꽃밭이 보였다. 구근을 뚫고 뾰족뾰족 올라온 백합 새싹이 발 앞에서 찬란했다. 사방은 고요했다. 귓속 저 멀리 어디선가 찌이잉 소리가 들렸다. 순간 나는 발을 들어 경계를 넘었고 재빨리 백합 싹을 뭉개버렸다. 쿵당쿵당쿵당, 온 동네가 다 알아챌 것처럼 심장 소리가 요란했다. 꽁지가 빠지도록 내달렸다. 혹시나 누가 따라와 뒷덜미를 낚아채지나 않을까 온몸이 옴찔옴찔해 자꾸 발을 헛디뎠다.

다음 날 아침 학교에 가기 위해 콜라네 집을 지나는데 걸음이 천근만근이었다. 안 보는 척 백합꽃밭을 곁눈질한다는 것이 너무 티 나게 들여다본 것 같았다.

"야, 뭐해? 백합 봐? 어제 우리 복실이 새끼가 죄 밟아놔서 우리 엄마한테 뒤지게 맞았어. 빨리 와, 학교 가자."

저만치에서 콜라가 말했다.

"어… 어. 복실이가 그랬대? 나쁜 새끼…."

콜라네 식구들과는 평생 말을 섞지 않겠다는 맹세는 백합꽃밭에 부려놓고, 머리카락 뜯긴 아픔도 잊은 채 콜라가 내민 손을 잡기 위해 팔랑팔랑 뛰어갔다.

백합은 그해 다른 해보다 더 많은 꽃을 피웠다. 그리고 복실이는 목줄에 매여 있는 날이 더 많아졌다. 나는 가끔 아무도 모르게 목줄을 풀어줬다.

주황색 거짓말

아버지 기일은 알림 설정이 필요 없다. 즈음해서 어김없이 강귀남 여사의 전화가 오기 때문이다. 구순이 넘은 나이에도 그녀의 총기는 초롱초롱하다. 어느 해 여름에도 그랬다. "아부지 제사 때 일찍 올 거지?" 오냐고 묻는 것도 아니고 당연히 오는 거로 못 박는 말투가 내심 못마땅했다. 여름휴가를 늘 아버지 제사에 맞춰 쓰는 것이 좀 아깝다고 생각하던 차에 다른 볼일이 있는 것처럼 핑계를 댔다. 전화기 너머 목소리가 급격히 작아졌다. 미안한 마음이 들어서 간다고 할 걸 그랬나 슬쩍 후회되는 순간 버럭, 그녀가 소리를 높였다.

"무슨 즈그 아부지 제사 보러 안 오는 딸도 있나!!"

"아들은 안 와도 괜찮고 딸은 왜 꼭 가야 하는데?"

내 목소리 톤도 올라갔다. 귀남은 항상 이런 식이다. 아들이 못

오는 사정은 다 이해하면서 내게는 꼭 한마디씩 부아 돋우는 소리를 한다. 따따부따 한마디 더 하려고 입술에 바짝 힘을 주고 있는데 다음 그녀 말에 스르륵 맥이 풀렸다.

"딸이라도 와야지. 내가 니는 딸이라고 예쁘게 잘 키웠잖아."

엄마가? 나를? 문득 어떤 영화의 유명한 대사가 떠올랐다. '어이가 없네.'라는.

"사랑을 받아봐야 사랑도 한다 카드만. 내가 사랑을 못 받아봐서 느그한테 사랑을 많이 못 주고 키웠다. 그때는 사랑이고 나발이고 먹고살기도 바빠 아무 여유도 없었고. 그리 바둥바둥 살았는데도 우째 그리 없었는지."

언젠가 넌지시 이런 고백을 하더니 이번에는 새빨간 거짓말을 하고 있다.

오빠 둘에 남동생 둘, 그 틈바구니에서 자랐다. 제일 위로 언니가 있지만, 일찍부터 도시에 나가 있어 내게는 부재중이었다. 귀한 딸이니 대접 좀 받았을 거로 생각하면 천만의 말씀이다. 엄한 아버지는 그저 어려웠고 머리 한번 묶어주지 못할 정도로 바쁜 엄마는 언제나 목마름의 대상이었다. 아궁이에 불을 지펴 밥을 하기 시작한 건 초등학교 3학년 때였다. 일 갔던 엄마가 돌아와서 해주는 칭찬이 좋아서였다. 처음 한두 번의 칭찬은 점점 당연한 일이 돼버렸고 집안일은 자연스레 내 차지가 되었다. 오빠들과 남동생들에게 밥상 차려 바치는 건 기본이었다. 여자니까 그래야 한다는 엄마 말이 법이었다.

제일 싫었던 건 감자 까기였다. 여름 저녁이면 낮보다 더 활기찬 동네 고샅길을 뚫고 카랑카랑한 엄마 목소리가 제일 먼저 날아왔다. "희야~ 감자 안 까고 뭐 하노!" 산비탈에 구메농사나 짓는 우리 집은 늘 쌀이 부족했다. 감자와 옥수수가 주식이었던 여름 저녁, 감자 까기는 필수로 해야 하는 일이었다. 우물가에 앉아 한쪽이 다 닳아버린 숟가락으로 감자를 까다 보면 이상하게 머릿속이 근질근질했다. 울타리 너머 친구들의 조잘거림에 몸이 달아 조바심이 머리끝으로 올라가서였을까. 용자, 금자, 복자, 논농사를 짓는 집 아이들 노는 소리가 밥 먹으라는 엄마들 목소리를 따라 고샅길을 비워놓을 즈음에야 조바심도 잦아들었다.

엄마 칭찬을 받으려고 우등상에 글짓기에 여러 상장을 타서 내밀었지만, 상 받기가 특기였던 오빠들한테 밀려 별 소득이 없었다. 엄마의 애정 순위에서 나는 언제나 꼴찌였다. 겨울방학이면 땔감을 하러 산으로 가기도 했다. 머리 한가득 나무를 이고 와 부엌에 부려놓으면 머리가 납작 눌리고 목이 쑥 들어간 느낌이었다. "엄마, 엄마. 나 거북이 됐나 봐." 목을 잔뜩 움츠리고 너스레를 떨며 엄마를 바라봤다. 상장 내밀 때는 찬물에 더운물 몇 방울 떨어뜨린 온도라면 이번에는 그 반대 온도의 엄마 손길이 내 머리를 쓰다듬었다. 구름발치에 있던 엄마가 내 눈앞에서 나만 바라봐 주는 것 같았다.

"엄마한테는 딸이 하나 있어야지. 니는 딸이 없어 우짤래?"
아들만 둘 있는 내게 이따금 귀남은 걱정이란 듯 말한다. 딸이라고 뭐 그리 다정하게 키우지도 않았으면서 새삼 이 새빨간 감성은 무엇인가 싶어 반半진담으로 토를 단 적이 있다.
"내가 딸이 있었어 봐. 절대 엄마처럼 키우지 않을걸."
"뭐 우째 키울 건데?"
"손에 물 한 방울 안 묻게 하고 안아주고 업어주고 떠받들어 키울 거야. 엄마처럼 온갖 집안일 다 시키면서 머리 한번 안 묶어주고 위아래로 머시마 넷 치다꺼리하게 하지 않을 거야."
"아따, 꽃자리 좁은 가시나. 딸도 하나 못 낳는 기 없는 딸 핑계로 즈그 엄마한테 오금 박는 소리 하네."

동네에서 허리 꼿꼿하기로 유명한 귀남이 몇 년 전부터 다리가

22 주황색 거짓말

저리고 아프다며 걷지를 못했다. 원인은 척추협착증이었다. 허리 상태로 봐서 그동안 걸어 다닌 것이 신기할 정도라고 의사가 말했다. 방치한 세월이 너무 길었다. 나이가 있어 수술도 안 된다고 했다. 신경 내려가는 통로가 꽉 막혀 맨 걸음으로는 열 걸음도 채 못 걸었다. 아흔 살 귀남 인생에 처음으로 지팡이와 실버 보행기가 등장했다. 그녀는 보행기를 밀며 날마다 동네를 걷는 운동을 시작했다.

"고등어라고 매루치만 한 게 왔네. 인자 그 집에서 사지 마라."

"에레이(LA) 갈빈가 뭐신가 에레이, 질겨서 묵도 몬 하겠다."

"간장게장 이거 순 사기꾼이다. 살이 다 에비(여위다)가지고 간장만 퍼 묵어야 할 판이다."

하얀 거짓말 따위는 생래적으로 못하는 그녀의 거친 후기에도 음식이 보약이라고 틈틈이 입맛 돋우는 음식들을 사 보냈고, 보약 중 보약이라는 공진단을 보내기도 했다. 그 덕분이었을까. 지난 2월 어느 날 귀남은 별안간 3월부터 꽃밭 매러 갈 거라고 통보해 왔다. 마을 길가나 하천 둑길에 풀을 뽑고 꽃을 심어 가꾸는 노인 공공근로를 귀남은 '꽃밭 매러 간다'고 한다.

"니 사준 한약 알맹이 꼭꼭 잘 씹어 묵고 해서 나 인자 잘 걸어. 밥도 잘 묵고. 그라고 꽃밭 매는 거 그거 힘 하나도 안 든다."

봄빛 바람 23

힘이 왜 안 드냐고, 그러다 아프면 그땐 엄마 못 일어난다고, 좀 살 만하니 한 달 30만 원 그거 욕심나서 그러냐고 나는 펄펄 뛰었다. 그러면서도 그 30만 원 내가 주겠다는 말은 못 했다.

"동네 할마시들 다 꽃밭 매러 가고 나면 올 때까지 내 혼자 우두커니 노인정에 앉아 기다리기 지루해서 그러지. 돈 그까짓 거 벌자고 그러는 거 아니다. 그라고 느그 오빠들이나 동생들한테 말하지 마. 아직 아무도 모른다. 니만 알고 있어라. 니는 곱게 키운 내 딸이니까 엄마 마음 알재?"

아, 이 새빨간 거짓말. 그 곱게 키웠다는 딸은 도대체 어디에 숨겨두었냐고 벌 쏘듯 물었다.

"니도 알 낀데. 그 이쁜 딸한테만 내 통장하고 도장 어디 있는지 갈차 줬는데…."

우체국 통장은 여기 있고 농협 통장은 저기 있고 비밀번호는 어디 어디 적어놨다고 언젠가 내 손을 붙들고 방에 들어가 "니만 알고 있어라. 아무도 모른다."며 소곤소곤 일러주던 일이 떠올랐다. 당신이 아파서 정신을 놓거나 죽으면 쓰라고 하면서.

얼마 전 내 통장에 별안간 300만 원이 찍혔다. 이쁜 딸 행방에 대한 답이었을까. 해준 게 없어 늘 마음에 걸렸다는 그녀 목소리에 물기가 배어 나왔다. 300만 원에 동그라미가 자꾸 덧붙는 기분이었다. 뭐 이 정도면 하얀 거짓말도 아니지만 새빨간 것도 아닌 주황색 거짓말 정도로 쳐줄게. 농담을 툭 던지니 엄마가 하하 웃었다.

애들이 다 똑같이 생겼어

"안 바뀌어, 안 바뀐다고! 안 똑같고 다 다르게 생겼어. 한 번 얼굴 보면 엄마들은 다 구별하거든!"

집으로 돌아오는 차 안에서 참다못해 버럭 소리를 질렀다.

몇 시간 전, 우리는 세상을 향해 꼬물거리는 한 생명을 만났다. 신생아 면회실 유리창을 사이에 두고 꼬물이 얼굴을 처음 봤을 때 문을 열고 들어가 가슴에 꼬옥 품어보고 싶은 생각이 간절했다. 자식의 자식을 본다는 건 생각보다 감동의 물결이 무척 높았다. 그것도 마냥 어린애로만 생각했던 작은아들의 자식이라니, 기특하면서도 짠한 감정이 더해졌다. 홀쩍홀쩍 주책없이 눈물이 났고 따라 나온 콧물을 수습하느라 정신이 없는데 옆에 있던 남편은 더 정신없는 소리를 했다.

"애기들이 다 똑같이 생겼어. 바뀌면 어떡하냐. 저 봐, 저 봐. 다 똑같잖아."

들은 체도 안 했다. 눈을 떠보려고 애쓰는 꼬물이의 꼬물거림이 그저 대견하고 신통해 남편 말은 귀에 담고 싶지도 않았다. 집에 오는 차 안에서도 남편의 관심은 한 가지였다.

"신기하네. 어떻게 애기들이 다 똑같이 생겼지? 바뀌면 큰일인데. 그거 있잖아. 드라마에서도 갓난애기 바뀌었는데도 모르고 키우잖아."

뭔가 모를 기시감에 기억을 더듬었다.

첫아이 첫돌 기념사진을 찾아온 남편이 자꾸 고개를 갸우뚱거렸다.

"난 아닌 거 같은데 사진사가 이름 적어놨다고 맞다 하네. 맞다 하니 또 맞는 거 같고."

그 당시 첫돌 사진은 대부분 사진관에 있는 아기용 곤룡포를 입혀서 찍었다. 고만고만한 아기들이 똑같은 옷을 입고 똑같은 익선관을 쓰고 찍은 사진 중에 아들 사진을 찾아가라 한 모양이었다.

"애기들이 다 똑같이 생겼어. 우리 아들을 못 찾겠더라고."

하도 못 찾으니 사진사가 사진 뒤 이름을 보고 찾아줬단다. 어이가 없었다. 어떻게 아들 얼굴을 못 찾을 수가 있는지. 그렇게 예쁘다고 물고 빨고 하면서, 매일 보는 아들 얼굴을 못 알아보는지 섭섭하고 한심하기도 했다.

현재 꼬물이 아빠가 된 작은아들이 부사관으로 논산훈련소에 입대한 후 퇴소식 하는 날이었다. 입대하는 날의 비장하고 팽팽한 공기와는 다르게 느슨하고 달큰한 분위기의 아침이었다. 큰아들, 남편, 그리고 이제는 꼬물이 엄마가 된 작은아들의 여자 친구와 함께 들뜬 마음으로 퇴소식이 시작되길 기다렸다. 그때, 연병장 너머 생활관 쪽에 입장하려고 대기한 군인들이 있다는 소식이 방문객들 사이에 바람처럼 돌아다녔다. 어디? 어디? 서로 물어가며 너도나도 제 피붙이, 제 남친을 1초라도 먼저 보려고 뛰었다.

"거기는 일반 병으로 입대한 아이들이고 부사관들은 저쪽이래."

누군가의 말에 우리는 또 우르르 그쪽으로 뛰었다. 스탠드 위로 가니 그 너머에 정말 늠름한 군인으로 변신한 아이들이 제식 연습을 하고 있었다. 똑같은 군복에 똑같은 베레모를 쓴 아이들 속에서 나는 금방 녀석을 찾아낸 후 손가락질을 하며 남편을 채근했다.

"저기 있다. 저기. 앞에서 다섯 번째 줄에 가운데쯤 봐봐. 아, 짜식 늠름해졌는데."

"어디? 누가 누군지. 다 비슷비슷한데."

남편은 큰 눈을 납작 찡그리고 열심히 찾는 듯했고, 나는 어떻게 자식을 한 방에 못 알아보나 또 눈을 흘기고 열심히 아들을 가리켰다.

그때 한 무리의 사람들이 뛰어오더니 남편 또래의 어떤 아빠가 그 집 아들을 찾은 듯 큰 소리로 이름을 불러댔다.

"와, 애들 저기 있다. 길동(가명)아~~. 길동아!"

"어머, 찾았어? 길동이 찾았어? 어디, 어디? 어딨어?"

한 걸음 뒤에 온 엄마인 듯한 사람이 와락 울음이 밴 목소리로 다급하게 물었다. 나는 '와우, 한눈에 아들을 찾아내는 아빠도 있구나.' 속말을 하며 당당한 표정의 남자를 경이롭게 쳐다보았다. 남자는 더 당당하고 더 큰 소리로 말했다.

"애들이 다 똑같아! 못 찾겠어! 이름이라도 부르면 그 녀석이 쳐다볼지 모르잖아."

다들 벅찬 마음으로 목울대가 아팠는데 일순간 와하하하 큰 웃음소리를 냈다. 남편은 '거봐, 나만 그런 게 아니지?' 하는 눈빛으로 나를 쳐다봤다.

태어난 다음 날에 꿈결처럼 딱 한 번 보고 온 꼬물이의 사진과

봄빛 바람 29

동영상이 날마다 날아온다. 하루하루, 아니 찍은 사진마다 같은 모습이기도 하고, 전혀 다른 아기인 것도 같고, 아이들은 천 가지 얼굴이라더니 그 말이 딱 맞다.

그러나 핸드폰을 들여다보며 또 갸웃거리는 남편 모습에 몇 년 전 서울디지털대학교 재학 시절 교양과목으로 들었던 「여자의 심리, 남자의 심리」 강의 중 이와 연관성이 있을 것 같은 남자의 어떤 심리가 얼핏얼핏 머릿속을 지나갔다. 지난 강의 재수강 메뉴에 들어가 한참을 헤맨 끝에 이장주 교수의 '부모투자이론'과 '친자확률이론'을 찾았다. 강의 내용에 의하면 부모투자이론은 여자와 남자는 자녀를 낳을 때 투자하는 양이 다르다는 것이다. 남자는 한 번의 성관계만으로 자손 번식이 가능한 반면, 여성은 임신 기간 10개월과 어린아이를 키우는 일정기간은 임신을 피한다. 한 남성이 아버지로 기록된 최대 자녀 수는 888명이고, 그에 비해 여성은 아무리 많은 남성을 상대해도 일생 최대 24차례밖에 출산하지 못한다.

여자는 내가 낳았으니까 내 자식을 확신하는 반면 남자는 직접적인 증거가 없는 상태에서 상황적 증거와 외모의 유사성으로 판단할 수밖에 없다. 그래서 산부인과 앞에서 갓난아기를 볼 때 "어머, 아빠를 쏙 빼닮았네."라는 말이 엄마를 닮았다는 말보다 4배나 많다고 한다. 특히 외할머니가 많이 하는데 눈도 못 뜨는 갓난 쟁이가 누굴 닮았는지 첫눈에 어찌 알겠냐마는 아빠의 무의식 속에 있는 일말의 불안감을 본능적으로 알기 때문이란 것이다.

　남편이 한눈에 아이를 구별하지 못하는 것도 친자확률이론의 오랜 습성이 그 심리에 남아 있기 때문일까. 상황적 증거는 있는데 똑같은 배냇저고리를 입은 꼬물이들 속에서, 똑같은 곤룡포를 입은 돌쟁이들 속에서, 똑같은 군복을 입은 군인들 속에서는 외모의 유사성을 찾지 못했을까. 그렇다면 뭐 그리 섭섭할 일도 눈을 흘길 일도 아니었네. 그날 큰 소리로 말할 걸 그랬다.
　"어머, 우리 꼬물이 제 아빠 붕어빵이네, 붕어빵이야. 봐봐, 똑같지?"
　아뿔싸, 꼬물이 아빠는 누가 봐도 나를 닮았다는데, 어쩌나.

차 대가리 빠졌다

"어…?!!"

정말 눈 깜짝할 사이였다. 뭐라 말할 틈도 없이 그저 어, 하고 입만 벌리고 있는 중에 일은 벌어졌다.

잠깐 눈을 감았다가 억지로 눈꺼풀을 밀어 올려 전방을 주시했다. 그동안 운전은 언제나 내 몫이었기에 보조석에 앉아 채앵, 하고 울리는 고속도로의 마찰음을 들으며 까무룩 졸아보고 싶은 꿈이 있었다. 그러나 그리던 그 자리에 앉았건만 잠을 잘 수가 없다. 눈을 감아도 걱정이고 눈을 떠도 걱정이다. 아들이 운전대를 잡고 있기 때문이다.

녀석이 운전을 시작하면서부터 보조석에 앉아 지켜볼 때면 매 순간 온몸이 오그라지는 경험을 한다. 마치 학창 시절 단체 체벌 중 매 맞기 바로 전, 몸의 반응이랄까. 자꾸만 없는 브레이크를 혼

32 주황색 거짓말

자 밟고 녀석보다 더 전방 주시를 하며 손은 창문 손잡이를 잡았다가 의자를 움켜잡았다가를 반복한다. 처음 운전 연수를 시킬 때는 평소에 내가 이렇게 말이 많은 사람이었나 싶을 정도로 온갖 잔소리와 나름의 운전 노하우를 쏟아냈다.

천천히, 천천히. 브레이크 미리 밟으라고! 앞차 궁디 바짝 붙지 말고! 옆에 차 오잖아. 이 자식아! 백미러 보는 거야, 안 보는 거야? 지금 껴들어, 빨리. 앞차 거리 보면서 비상등 켜야지. 비상등 인사는 운전 익숙해지면 해도 돼! 뒤차에 땡큐 소리 들으려다 앞차에 쏘리 할래?

어느 날 아들의 낮은 탄식 소리를 들었다. 잔소리 그만하라는 신호였다. 입을 닫으니 온몸에 쥐가 날 지경이었다. 짧은 차간거리로 심장이 쪼그라들 때면 옆으로 눈을 돌렸다. 차라리 안 보니 조금 나았다. 조바심 내기에도 지쳐 그러느니 믿고 맡겨보자고 나 혼자 타협할 즈음에 사고가 난 것이다.

설 연휴를 시골에서 보내고 집으로 가는 길이었다. 가다 서기를 반복하던 정체가 풀리고 녀석의 지루함도 풀렸다. 춘천고속도로 위의 차들은 그야말로 미끄러지듯 내달렸다. 그러다 발산2터널쯤에 다시 정체 구간이 발생했다. 분명 속도가 줄어드는 걸 느

봄빛 바람 33

껴 별 의심 없이 차가 서겠구나 생각했다. 그런데 순간 다시 속도가 붙더니 그대로 앞차를 쿵! 하고 들이받았다. 아침 해장술에 취해 뒷자리에서 자고 있던 남편이 앞 좌석에 쿵, 부딪히며 소리를 쳤다.

"왜? 뭐야? 누가 박았어? 어떤 놈이야?"

대꾸할 겨를도 없이 차 밖으로 나왔다. 앞차의 앞차, 그 앞까지 사중 추돌 사고였다. 피해 차량에 타고 있던 사람들이 모두 차 밖으로 나왔다. 미안하다 허리 굽혀 사과했다. 그나마 큰 부상자가 없는 것에 안도의 숨을 내쉬며 보험사를 부르고 아들을 째려봤다.

"브레이크를 왜 밟다 말아? 앞차에 바짝 붙지 말랬잖아!"

사색이 되어 있는 녀석에게 기어이 한마디 했다.

"괜찮아, 괜찮아. 왜 애한테 뭐라 해? 안 다쳤으면 됐어. 운전하다 보면 사고도 나고 그런 거지."

남편이 아들의 등을 툭툭 두드리며 내게 눈을 흘겼다. 조금 전까지만 해도 어떤 놈이 우리 차 박았냐고 냅다 소리치던 그 남자다.

"브레이크 밟았는데…. 뒤차 조심하라고 비상등 켜느라…."

비상등 찾느라 잠시 한눈을 팔았고 순간 브레이크 밟은 발이 느슨해진 모양이었다.

"뒤차에 땡큐 소리 들으려다 앞차에 단체로 베리 쏘리 했잖아,

34 주황색 거짓말

이 시키야."

우리 차는 폐차시켜야겠다는 남편의 말에 돌아봤다. 보닛은 구겨질 대로 구겨져 있었고 범퍼는 간신히 한쪽에 매달려 있었다.

아버지는 신문물을 받아들이는 데 느렸다. 꼼꼼하게 따져보고 살펴보고 생각해 보는 시간이 참 길었다. 남들 리어카 살 때 지게 졌고, 경운기 끌 때 리어카를 샀다. 차는 고사하고 자전거를 한 몸처럼 여겼다. 경남 마산에서 강원도 화천으로 거처를 옮겨 산 세월이 내 나이만큼 흘렀어도 돌아가실 때까지 경상도 사투리를 썼다.

1999년에 면허를 취득하고 운전을 시작했다. "여식아가 만다 꼬." 달가워하지 않으셨지만 개의치 않았다. 차 뒤에 붙였던 '초보운전'이라는 노란 딱지를 막 떼고 친정에 갔을 때였다. 울타리 옆 공간에 주차할 생각이었다. 너무 바짝 붙인 거 같아 조금 뒤로 빼려고 후진 기어를 넣었다. 앞으로 갈 때 느끼지 못했던 장애물이 느껴졌다. 텃밭이다 보니 돌멩이 따위가 굴러와 있나 보다 생각했다. 가속 페달에 조금 더 힘을 주었다. 넘어갈 듯하더니 제자리였다. 윙윙 공회전 소리에 아버지가 나왔다. 아버지 앞에서 폼 나게 주차하고 싶었다. 가속 페달을 힘껏 밟았다. 팽팽함이 툭 끊

봄빛 바람 35

기며 시원하게 차가 움직였다. 순간, 우당탕 소리와 함께 아버지 얼굴에 당혹감이 서렸다. 심상치 않은 일이 벌어졌음을 직감하고 차에서 내렸다. 소란스러운 분위기에 밖으로 나온 엄마가 아버지에게 물었다.

"왜 안 들어와?"

"차 대가리 빠졌다!"

"머시 빠졌다고?"

"희야 차 대가리 빠졌다!"

엄마에게 한마디 툭 던지고 아버지는 집 안으로 들어갔다. 전봇대를 지지하는 철선에 범퍼가 걸린 것을 모르고 힘껏 후진한 결과는 참으로 난감했다. 모양 빠진 차 모습과 내 마음이 겹쳤다. 멀지 않은 곳에 공업사가 있었지만, 범퍼를 차에 싣고 갈 수도, 들고 갈 수도 없는 노릇이었다. 잠시 후 나온 아버지 손에는 빨간 포장용 노끈 다발이 들려 있었다. 아무 말 없이 하얀 차에 빨간 노끈으로 얼기설기 범퍼를 달아주셨다. 빨간 노끈 색처럼 내 얼굴도 후끈후끈 달아올랐다.

"개안타. 살살 가봐라. 안 빠질 끼다. 아부지가 전화해 놓을 꾸마. 가서 낑가 달라 캐라."

36 주황색 거짓말

보험사 직원이 피해 차들을 모두 수습하고 나서 우리 차도 견인차에 올렸다. 아들은 여전히 하얀 얼굴로 뻣뻣하게 서 있었다.

"아들, 괜찮아. 엄마 아는 카센터 가보고 가망 없다고 하면 폐차시키고 새 차 사자. 아들 덕분에 새 차 사게 생겼네. 대신 찻값은 니가 내는 걸로!"

아직 취직 전의 아들에게 하나 마나 한 말로 너스레를 떨었다. 그제야 빙긋 웃는 아들의 눈웃음에 아버지의 목소리가 얹혔다.

"에레이, 차 대가리 또 빠졌나?"

봄빛 바람 37

살구나무집 희야

"누나가 돼서 니는 뭐 했노. 같이 다 먹었나? 어디서 배운 버르
장머리고? 아부지도 안 드리고 우째 하나도 안 남기고 다 먹어 치
우냐 말이다!"

들일을 마치고 집에 온 엄마의 역정이 하늘을 찔렀다. 해가 기
울고 어둑어둑 어둠이 깔릴 때부터 내 마음속에 스멀스멀 기어들
던 불안이 모습을 드러낸 것이다.

처음에는 한두 개 정도만 맛을 보고 잘 덮어놓기로 동생들과 약
속했다. 차라리 맛을 보여주지 말았어야 했다. 살구만이 가진 독
특한 새콤달콤한 맛의 유혹을 떨치기엔 애당초 무리였다. "누나,
하나만!" "누나, 진짜, 진짜 딱 하나만!" 꿀단지 꿀 찍어 먹듯 멈추
지 않는 녀석들의 손길을 제어할 수가 없었다. 하나하나 없어질
때마다 엄마의 실망한 눈빛이 어른거렸지만, 살구는 기어이 바닥

을 드러내고 말았다. 나는 정말 딱 두 개만 먹고 동생들 말리느라 살구 냄새만 맡았지만, 엄마의 불호령은 내게만 떨어졌다. 억울했다.

봄마다 온 동네를 하얀 등불처럼 밝히며 내 마음을 흔들어놓는, 살구꽃 피는 그 집은 내게 선망의 대상이었다. '복숭아꽃 살구꽃 아기 진달래 / 울긋불긋 꽃 대궐 차린 동네~.'「고향의 봄」을 부를 때면 그 집 살구꽃이 생각났고, 살구꽃을 보면 「고향의 봄」을 노래했다. 운 좋게 바람 만나 폭설처럼 쏟아지는 꽃비를 구경하는 날은 더더욱 그 집이 탐났다. 적어도 백 살은 됐을 거라는 어른들 말이 거짓말처럼 살구나무는 창창한 잎을 매달았고 꽃 진 자리마다 금세 노랗게, 노랗게 살구를 익혀냈다. 새큼하고 달달하기 그지없는 살구가 투득투득 떨어져 그 집 마당에 깔리면 주인은 함지 가득 살구를 담아 장에 내다 팔았다. 야박하게도 주인은 터진 살구 하나도 거저 주지 않았다.

그 살구가 먹고 싶어 며칠 엄마를 졸랐을 것이다. 어느 날 일 나가던 엄마가 살구 한 됫박 값을 주며 사다 놓으라고 했다. 저녁에 식구들이 모두 모이면 먹을 요량이었다. 그렇게 귀한 살구를 다 먹어버린 녀석들은 입을 꼭 다물고 있었다. 억울함에 엄마의 부지깽이를 붙들고 사정 얘기를 하려다 참았다. 그래 봐야 먹어 치운 살구가 돌아올 것도 아니고 더 이상 살구 얘기를 계속하고 싶지도 않았다. 이럴 줄 알았으면 녀석들하고 세 등분해서 똑같이 먹을 걸, 하는 후회도 됐다. 커서 돈을 벌면 저 살구나무집을 사버려야지 다짐한 날이기도 했다.

"아, 아부지! 안 돼요, 안 돼. 살구 한 번만 따 먹고 가요."

그날은 정말 꿈같은 날이었다. 내가 원했던 일이 이루어진 신기하고 벅찬 경험이었다. 골짜기 외딴집에서 드디어 마을로 이사를 한 것이다. 그것도 살구나무집으로. 전깃불이 환한 집 안은 흥성거리는 잔칫집 마당 같았다. 환한 불빛에 또렷해진 그림자도 경이로웠다. 상기된 얼굴의 식구들은 까닭 없이 자꾸 웃었다. 아버지 목소리는 경상도 사람 특유의 높은 톤으로 장난기까지 어려 있었다.

"안 되겠다. 다시 저 우에 골짜기로 이사 갈란다. 느그 엄마한테 다시 짐 싸라 카까?"

아버지 장난에 동생들이 화들짝 놀라 애원했다. 그때 우리의 관심사는 온통 살구나무였으니 이 집에서 다시 이사한다는 건 상자 가득 따놓은 딱지를 잃는 것보다도 더 슬픈 일이었다. 그렇게 나는 '저 골짜기 희야'에서 '살구나무집 희야'로 불리기 시작했고 그 별칭이 참 마음에 들었다. 살구가 익는 여름은 더 부러울 것 없는 날들이었다. 아름드리 살구나무가 가지마다 구석구석 살구를 매달고 있는 모습은 그 자체로 보석이었다. 엄마는 살구를 팔지 않았다. 그 무렵 오일장이 없어졌기 때문인지도 모르겠다. 그 덕에 살구는 우리 식구들이 탐진할 수 있는 유일한 먹을거리였다. 친구들에게 통 크게 나눠주고 한껏 어깨를 올릴 수 있는 자산이었다.

엄마는 살구 열매보다도 그 씨를 소중히 다뤘다. 아무렇게나 뱉어버린 살구씨를 주워 잘 씻어 말린 다음 자루에 담아 헛간 지붕 가까이 걸어두었다. 살구씨의 독성을 모르고 먹성 좋은 우리들이 혹시나 엉뚱한 호기심으로 씨까지 깨서 먹을까 싶은 염려이기도 했고, 어쩌다 운 좋으면 떠돌이 장사치에게 한약재로 팔 수도 있기 때문이었다. 살구씨는 기침을 멈추게 하고 가래를 삭이는 효능이 있지만 씨의 뾰족한 부분에 있는 아미그달린Amygdalin이라는 성분이 분해되어 생기는 시안산에 의해 독성이 생긴다. 시안산은 청산가리 성분으로 과다 섭취하면 호흡곤란과 경련, 구토, 간 손상 등 중독 증상이 나타난다는 것은 나중에야 안 일이었다.

겨울밤 오줌이 마려워 문밖을 나와 살구나무를 올려다보면 무수한 잔가지에는 살구 대신 별이 총총히 매달려 있었다. 밤하늘을 바탕으로 별과 초승달이 어우러진 겨울 살구나무는 그 무렵 우리가 즐겨 만들던 크리스마스카드의 앞 장 같았다.

성공해서 돌아오겠노라, 비장한 편지 한 장 남기고 장롱 속 깊숙한 엄마의 비상금을 훔쳐 집 나갔던 오빠가 빈손으로 돌아와 뜰 앞에 말없이 머리 조아리고 섰을 때도 살구나무는 조용히 오빠를 품어주었다. 중학교 졸업 후 야간 고등학교라도 진학하기 위해 집을 떠나올 때 돌아보고 또 돌아보는 내 눈에 우뚝하니 서 있는 살구나무는 그 자체로 응원이었다. 예상보다 진학은 2년이 늦어졌고, 살구꽃 같은 열일곱, 열여덟 살에 나는 늙은 살구나무 껍질처럼 울퉁불퉁한 시기를 보냈다. 학비를 벌기 위해 마산 수출자유지역 내 어느 전자회사 공장을 다니며 낯선 바닷바람, 낯선 산, 낯선 말투 속에서 고군분투했다.

지금쯤이면 화천 고향 집에 살구꽃이 피었을까, 꽃 지고 살구 달렸을까, 밤새 슬레이트 지붕 위로 툭툭 떨어지는 살구 소리에 동생들은 잠을 설치지 않을까, 여름 아침 마당에 별처럼 깔린 노란 살구를 식전부터 한껏 주워 먹고 배앓이하진 않을까, 엄마는 새벽밥 짓다 말고 이제는 흔해진 살구를 보며 그 옛날 살구 한 됫박 때문에 내게 부지깽이를 치켜든 생각에 코끝을 찡그리지는 않을까. 온통 집 생각, 엄마 생각, 살구나무 생각으로 마음에 병이 난 시기였다. 돌아가고 싶은 마음 꾹꾹 누르며 버티고 견디고 울고 웃으며 성장하는 사이 살구나무는 꽃도, 살구도 매달리지 않는 불임의 몸이 되었다. 물이 오르지 않는 빈 가지는 힘없이 부러져 슬레이트 지붕을 구멍 내기 일쑤였다. 그럴 때마다 생돈이 나가게 생긴 엄마는 살구나무를 향해 삿대질했고 우리는 지붕 수리비를 보탰다.

아이들을 낳은 이후 원인 모를 알레르기 증상이 생겨 과일을 잘 먹지 않게 됐다. 온갖 달큰한 향이 유혹하는 과일가게 앞을 지날 때도 별 감흥이 없다. 하지만 살구 철이 되면 저절로 발길이 멈춘다. 과일이 지나간 입안과 목구멍, 저 귓속까지 가렵고 아픈 알레르기 증상을 무릅쓸 각오로 살구 한 팩을 집어 든다. 여름밤 슬레이트 지붕에 콩콩 꿀밤을 주던 경쾌한 소리가 들리는 듯해 귀를 모으고, 이제는 친정 헌 집과 함께 기억에서만 존재하는 내 유년의 담벼락 같았던 살구나무를 생각한다.

봄빛 바람 43

그 겨울의 자양분糞

아이스 군고구마? 군고구마는 자고로 따끈따끈할 때 호호, 불면서 먹어야 제맛 아닌가. 조금 양보해서 식혀서 먹는 거까지는 이해하겠다. 그런데 아이스? 얼렸다는 거지? 맛이… 있을까? 마트에서 아이스 군고구마를 발견한 나는 한참을 그 앞에 머물렀다.

달빛이 환하게 부서지는 밤. 전기가 들어오지 않는 산골 외딴집은 어둠이 빨리 찾아왔다. 호롱불 심지를 낮추고 낮춰 방학 숙제라도 할라치면 어김없이 엄마의 불호령이 떨어졌다. "천날만날 환한 낮에는 뭐 하다가 석유 닳게 오밤중에 공부하노!" 공부하고 싶은 마음, 숙제하고 싶은 마음이 어디 그렇게 편한 시간 맞춰 찾아와야 말이지. '엄마는 아무것도 모르면서, 히잉.' 나는 이불을 뒤집어쓰고 훌쩍거리다 제풀에 풀려 빼꼼 얼굴을 내밀었다. 창호

44 주황색 거짓말

지 너머 문밖이 달빛에 환하게 일렁였다.

"희야…. 희야."

작은오빠의 목소리가 나긋하게 들리면 경계해야 할 때. 못 들은 척 다시 이불 속으로 얼굴을 묻었다. 무언의 거래 중이다.

"너 그럼 담에 오빠 안 나가준다."

협박조로 나오는 걸 보니 아직 덜 급한가 싶어 나는 더 깊숙이 이불 속으로 들어갔다.

"알았어, 알았어. 오빠가 옛날얘기 해줄게. 빨리빨리 나가자."

추워서 안 나간다고 두어 번 앙탈을 부리다 긴 얘기를 해준다는 오빠의 협상 카드를 받고서야 못 이긴 척 일어났다. 모름지기 얘기는 여럿이 들어야 맛이 나는 법. 키득거리며 이불 속에서 투닥투닥 장난질하는 남동생 둘까지 일으켜 세웠다. 옛날얘기 좋아하면 밥 굶는다고 엄마가 타박해도 나와 남동생 둘은 얘기 듣기를 참 좋아했다. 오빠가 먼저 후다닥 방을 뛰쳐나가고 우리는 올망졸망 뒤따라 나갔다. 저녁에 뭐 그리 배불리 먹인 것도 없는데 밤똥까지 싸느냐고, 이 추위에 똥 싸다 고추까지 땡땡 얼겠다는 엄마의 지청구도 따라 나왔다. 상당히 급했던 모양인지 오빠는 벌써 하얀 눈밭에 궁둥이를 환하게 까고 앉았다. 지난가을 두 번, 세 번 이삭 캐기를 하며 손톱만 한 것까지 샅샅이 훑어낸 빈 고구마

봄빛 바람 45

밭은 겨울이면 사실상 식구들의 똥 밭이 되었다. 눈과 얼음으로 꽁꽁 언 길을 한참 내려가야 하는 변소 대신 고구마밭은 거리상으로나 효용적으로나 최적의 장소였다. 야금야금 산을 갉아내 조금씩 넓혀간 밭이니 작물이 자라기는 척박한 땅에 그것들은 훌륭한 자양분滋養分이 되어주었다.

냄새도 날아오다 쨍하고 얼어붙을 것처럼 밤공기는 차디찼다. 우리는 습관적으로 코를 틀어쥐고 밭 기슭 모퉁이에 몸을 납작 붙이고 한껏 옹송그려 앉았다. 발이 저리면 손가락에 침을 발라 코를 만지며 하늘을 올려다봤다. 차가운 밤하늘의 총총한 별들은 금방이라도 내 얼굴 위로 쏟아져 내릴 것 같았다. 낮 동안 썰매를 지치던 아이들이 떠난 논바닥 얼음이 쩡쩡 우는 소리를 냈다. 아랫마을의 개 짖는 소리가 무리를 지어 산을 넘어오자 문득 뒷덜미가 서늘해졌다. 오빠도 뭔가 무서운 생각이 들었는지 "희야! 철아! 거기 있지?" 하고 우리의 존재를 확인했다. 그러고는 옛날이야기를 시작했다. 우리는 귀나팔을 만들어 오빠 쪽으로 세우고 침을 꼴깍 삼켰다.

"옛날에, 옛날에 어느 마을에 할아버지 할머니가 살았대. 어느 날 할아버지가 산에 나무를 하러 갔는데 갑자기 배가 너무너무 아픈 거야. 그래서 큰 나뭇가지에 올라가서 끙, 하고 똥을 쌌더니 옆에 개울로 풍덩, 하고 떨어졌대. 나무를 잔뜩 해서 저녁때 집에 오니 할머니가 맛있는 된장찌개를 해서 밥을 차려주셨어. 엄청 배가 고팠던 할아버지가 찌개를 한 숟가락 딱 떠먹고는 막 퉤퉤 뱉었어."

"나 알아. 알아!"

이미 수없이 들어 다 알고 있는 얘기에 막냇동생이 근질거리는 입을 놀리려다 제 바로 위 형에게 콩, 하고 한 대 쥐어박혔다.

"그래서 할아버지가 할머니한테 물어봤어. 아니, 할멈! 이 찌개 어디서 난 거야? 할머니가 말했지. 아니 글쎄, 내가 오늘 개울가에서 빨래하는데 저 위에서 된장 한 덩이가 둥둥 떠내려오지 뭐유. 그래서 얼른 가져다가 된장찌개를 했다우. 그랬더니 할아버지가 깜짝 놀라면서 말했지. 아니, 뭐라고? 그건 바로… 바로… 바로…."

우리는 합창하듯 오빠를 따라 하며 키득거렸다.

"바로… 바로… 내 똥이다!"

와하하하. 개 짖는 소리가 다시 떼를 지어 산을 넘어와도 무섭지 않았다. 웃음소리 파장에 소나무 가지 위 며칠을 눌러앉아 있던 눈덩이가 곤두박질치는 소리가 났다.

봄빛 바람 47

누구랄 것도 없이 우리는 알아서 윗방으로 들어갔다. 엄마 몰래 아궁이 속에 묻어두었던 고구마를 오빠가 꺼내 들고 왔다. 때때로 깜빡 잊고 잠들었다가 다음 날 새벽 까만 숯덩이로 변한 고구마를 발견한 엄마의 표정을 떠올리며 우리는 안도의 숨을 내쉬고 소리 없이 웃었다.

이번에는 아주 긴 이야기를 들을 차례다. 변소 갈 때 마음과 나올 때 마음이 다르다고 어느새 변심한 오빠가 자는 척을 해보지만 어림없다. 셋이 달려들어 간지럼을 태우며 이야기보따리를 풀게 했다.

"옛날에, 옛날에 아주 옛날에…. 아주 아주 더 옛날에…."

하지만 볼일 다 봤으니 순순히 얘기를 풀 리가 없지. 역시나 오빠는 또 같은 레퍼토리를 읊었다. 너무너무 오래된 얘기라 '옛날에'만 백 번 이상을 말해야 시작할 수 있다는 길고도 먼 옛날얘기를. 우리는 옛날에, 옛날에 소리를 자장가 삼아 그 밤도 그 긴 얘기의 시작을 기다리며 잠에 빠져들었다.

아이스 군고구마의 맛은 예상했던 것보다 훨씬 훌륭했다. 한입베어 물자 오빠가 해주는 옛날이야기를 들으며 먹었을 때의 달콤함이 입 안 가득 퍼졌다. 거기에 고구마밭 모퉁이에 웅크리고 앉아 밤하늘을 올려다볼 때의 차가움이 더해진 맛이랄까.

올여름 휴가엔 아이스 군고구마 한 봉지 사 들고 친정으로 가 그 겨울의 아이들을 소환해야겠다.

무엇에 쓰는 물건이었을꼬

"이거 왜 안 돼?"

모텔 방에 들어서자마자 TV 리모컨부터 찾아 든 남편은 이리저리 눌러봐도 켜지지 않는지 나를 향해 애타는 눈빛을 보냈다.

군대 간 큰아들 첫 면회 갔던 날, 외출 허락을 받아 영천 시내로 나왔다. 이른 점심을 먹이고 나니 딱히 갈 데도 없고 아이도 어디가서 쉬었으면 해서 생각 끝에 모텔을 택했다. 내 관심은 온통 큰아들에게 쏠려 있는데 그거 하나 못 켜고 참 성가시게도 굴었다. 남편이 상당한 기계치이긴 하지만 그렇다고 리모컨을 기계라 하기는 민망하지 않은가. 눈을 흘기며 리모컨을 받았다. 집에 있는 것보다 복잡하긴 했다. TV 전원 버튼을 누르면 켜질 거 같은 생각에 막 누르려다 문득 내가 이걸 켜야 하나, 말아야 하나 갈등이 생겼다. 남편이 못 한 모텔 방 리모컨 작동을 단박에 내가 해낸다면,

50 주황색 거짓말

이거 좀 수상해지는 거 아닌가? 하는 우스운 생각이 들었기 때문이다. 그때 마침 작은아들이 리모컨을 가져가 들여다보더니 한방에 TV를 켜주었다.

"오, 역시!" 엄마의 칭찬에 으쓱 어깨가 올라간 녀석이 침대로 가더니 뭘 하나 주워 들었다.

"어? 엄마, 여기도 리모컨 있는데."

녀석이 그새 뭘 눌렀는지 갑자기 침대 머리가 벌떡 일어났다.

"뭐야? 병원 환자 침대도 아니고 이게 왜 일어나는 거야? 내려, 내려!"

내 반응에 놀란 녀석이 이것저것 눌러댔다. 내려가라는 침대 머리는 안 내려가고 이번엔 느닷없이 침대가 덜덜덜 떨다가 쿨럭쿨럭, 벌떡벌떡 하며 난리를 피웠다.

"잉? 어머머, 이늠 시키. 너 그거 가만 안 둬? 꺼, 빨리 꺼!"

모르긴 몰라도 뭔가 야릇한 용도로 쓰일 거라는 걸 모두 눈치챈 듯했다. 남편은 TV를 보는 척 큭큭 웃었고, 큰녀석은 부리나케 컴퓨터로 시선을 옮겼다. 일을 저지른 작은녀석은 허둥지둥 침대의 요동을 잠재우려 했고 나는 남편에게 눈짓을 보냈다. 뭔가 이 어색한 상황을 농담이든 뭐든 수습하라는 신호였지만 남편은 못 본 척 TV 채널만 열심히 돌려댔다.

봄빛 바람 51

"이 땅의 여자들이 행복하게 살려면 아들 가진 엄마들이 아들 교육을 잘해야 해."

아이들 어릴 적 동네 엄마들과 육아 얘기 중에 농담 반 진담 반으로 내가 자주 했던 말이다. 무슨 페미니스트도 아니고 거창한 뜻을 가진 것도 아니었다. 남자 형제 많은 집에서 자라다 보니 자연스럽게 들었던 생각이다. 어쩌다 아들놈만 둘을 낳아 실천할 처지가 되니 어쩌면 내게 하는 다짐이었는지도 모른다. 특히 성교육은 건전한 방향으로 자연스럽게 잘해야 한다는 의무감을 가지고 있었다.

"나중에 큰형아 되면 고추에 털이 날 거야. 그러면 엄마한테 꼭 말해. 엄마랑 아빠가 해줄 얘기가 있거든."

아이들 목욕시킬 때마다 입버릇처럼 말했다.

"왜? 왜 털 나? 나 털 나기 싫은데."

잇몸까지 보이게 깔깔 웃던 녀석들은 어느 사이 아빠 손에 이끌려 동네 목욕탕에 다니게 되었다. 목욕 바통을 넘겨받은 남편은 주말마다 거르지 않고 아이들을 몰고 나갔다. 몇 해가 지나고 당연한 주말 일상이었던 일이 어느 때부터 미묘하게 틈이 벌어지는 것 같았다. 자연스럽게 따라나서던 녀석들은 서너 번 재촉해야 가다가, 급기야는 목욕탕 데려가는 게 전쟁이 되었다. 안 가려는 아이들과 기어이 데려가려는 아빠의 줄다리기로 주말 아침이 난장판이 되었다.

등 뒤에서 이상한 떨림을 감지한 것도 그 무렵이었다. 여느 때처럼 게임을 하던 큰녀석을 밀어내고 잠깐 컴퓨터를 보느라 책상에 앉아 있을 때였다. 탁탁탁탁, 규칙적으로 감지되는 이상한 움직임에 신경이 등 뒤로 뻗어나갔다. 뭐지? 등 뒤에는 엄마가 빨리 비켜주기만을 기다리는 큰녀석이 뒹굴뒹굴하고 있는데 이 움직임의 실체가 뭔가 불안했다.

그때 탁 떠오르는 생각 하나. 아! 이 녀석 고추에 털 났구나. 그렇다면, 그렇다면! 아무리 이제 막 질풍노도의 길에 접어들었다고 해도 엄마가 뻔히 앞에 앉아 있는데(물론 뒤돌아 있지만) 설마 그럴 리가! 내 머릿속에 있는 그 그림이 아니라고 믿고 싶었지만 그러기엔 움직임의 짜임새가 눈에 보이듯 선명했다. 컴퓨터를 뺏기고 심심해진 손이 처음에는 고추를 만지작거리다 점점 가속이 붙었을까. 이제 막 고추 만지는 쾌감을 알게 돼서 제어가 안 되는 것일까. 머릿속은 엉킨 실타래가 되어갔다. 차마 뒤돌아볼 수는 없어 의자에서 벌떡 일어났다. 게임이라도 해야 고추에서 손을 뗄 것이기에 컴퓨터 일 다 본 거처럼 방을 나섰다. 고민이 시작되었다. 잘해보리라 다짐했던 성교육인데 도무지 어떤 말도 떠오르

봄빛 바람 53

지 않았다. 남편에게 떠넘겨 보기로 했다. 남자들 일이니까 아무
래도 아빠가 엄마보다는 낫겠지 생각했다.

"그걸 뭘 말을 해. 말하지 않아도 다 알게 돼. 저절로."

아, 아들이 아니라 남편을 먼저 교육했어야 했다.

궁리 끝에 언젠가 들었던 성교육 전문가 구성애 씨의 강의를 떠
올려 아들 방에 비싼 크리넥스를 사다 놓고 우물우물 물색없이
말했다.

"화장지 이거 쓰고…, 그리고 이제 팬티 더 자주 갈아입어. 또…
어… 그 뭐냐 고추 아무 때나 막 만지지 말고… 아, 아니 오줌 눌
때… 말이야. 손 깨끗이 씻어…. 알았지?"

게임 하느라 정신 팔린 녀석이 대답을 했던가, 안 했던가.

고민은 계속되었다. 그 크리넥스는 때와 장소를 가려 써야 한다
는 걸 가르쳐야 했다. 아, 부모에게도 누가 교육을 해줬으면 좋겠
다. 한 달에 한 번이라도 자식을 가르치는 방법을 가르쳐 줬으면
좋겠다. 너도 그 나이가 처음이겠지만 나도 그 나이의 네가 처음
이란 말이다.

어떻게 말해야 할지 고민을 거듭하고 있던 어느 날이었다. 거실
에서 TV를 보고 있던 작은녀석이 한쪽 다리를 달달달 떨고 있었

다. 다리 떨면 복 달아난다고 하니 녀석은 운동 돼서 살 빠진다고 우겼다. 문득 그 움직임의 파장이 낯설지 않았다. 아하! 눈앞에 뾰로롱 하고 빛이 꽃처럼 퍼지는 것 같았다. 큰녀석도 그럼 다리 떨기를 한 거였구나!

알고 보니 두 녀석은 그 무렵 다리 떠는 버릇이 생겼다. 친구들 사이에 다리 떨기가 유행처럼 퍼져 큰녀석이 먼저 배워 왔단다. 그게 무슨 멋이라고 작은녀석도 냉큼 배워 아주 자동으로 떨어젖히고 있었다. 움직임의 실체를 알고 나니 크리넥스 사용법을 일러주는 것이 조금 수월했다. 뭐든 떠는 것들은 가끔 내 심장을 이렇게 옴찔옴찔하게 만든다.

겨우 잠잠해진 침대를 보고 민망한 분위기를 바꿔보고자 한마디 했다.

"도대체 이 건 뭐에 쓰라고 요래 펄떡펄떡거리다 후달달달 떨면서 홀 볶는 거야? 요상하네, 참말로."

작은아들이 시치미 뚝 떼고 말했다.

"안마겠지, 뭐."

2부

새빨간 현생

(가)족 같은 분위기

냉동팬티

밥도둑과 엄마찬's

촌발 날리기

한 달에 삼천만 원

전지적 침대 시점

집에 가고 싶다 증후군

면수

(가)족 같은 분위기

230여 세대 아파트의 경리 겸직 관리소장인 나는 두 사람 몫의 일을 하느라 늘 눈코 뜰 새 없다. 햇살이 손바닥만큼 들어왔다가 금방 도망가는 반지하 관리실. 모니터에, 서류 더미에 코를 박고 정신없는 중 옅은 코 고는 소리가 들렸다. 한낮에 듣는 코 고는 소리는 문득 평화로움을 주기도 한다. 잠시 한숨 돌리며 슬쩍 고개 들어보니 새로 들어온 기전 기사 A가 졸고 있다. 1인 1조 24시간 격일제 교대 근무인지라 전날은 집에서 쉬었을 텐데 무슨 일인가 싶었다. 그냥 둘까 하다 혹시라도 주민이 왔다가 보게 될까 봐 일부러 서류철을 세게 내려놓았다. 변화가 없다. 어쩐다. 대놓고 깨우면 민망해할까 싶어 그러지도 못하고 A의 책상이 있는 곳을 지나 정수기 쪽으로 소리 나게 걸어가 물을 한 잔 뺐다. 조는 정도가 아니고 한잠 든 듯했다. 오후 3시, 근무가 끝난 청소반장이 퇴근을 알리느라 문을 열고 큰 소리로 인사를 했다.

"소장님, 갑니데이. 수고하세요. 기사님도 수고하세요."

경상도 사람 특유의 큰 음성에도 A는 깨지 않았다.

"아고, 웬일이래. 저카면 우짜노. $#%@#&…."

A의 상태를 본 청소반장은 나를 한번 보고 근심 어린 표정으로 문을 닫고 가면서도 한참 뭐라 뭐라 중얼거렸다.

"손 떠는 기사가 가니 조는 기사가 왔네." 나는 물끄러미 A를 바라보며 혼잣말을 했다.

A 직원보다 앞서 근무하던 B 직원에게는 수전증이 있었다. 채용할 때는 몰랐는데 얼마 지난 후 상대 근무자인 기전 주임이 일러주었다. 교대 시간에 이러저러한 업무 지침을 알려줄 때 보니 손을 떨더라는 것이다. 난감했다. 때로는 전기 만질 일도 있는 직원이 손을 떤다니, 그만두게 해야 하나 고민이었다. 가만히 지켜보니 귀도, 눈도 어두웠다. 지시 사항을 여러 번 일러줘야 했고, 화재 감지기 작동 시 켜지는 빨간 램프도 발견하지 못할 정도였다. 60대 후반. 적지 않은 나이지만 요즘 세상에는 그 나이에도 건강한 분들이 많기에, 그리고 구직을 할 정도라면 건강하리라 짐작하고 막연히 믿었던 것이 착오였다. 작은 단지이니만큼 급여

또한 그리 많지 않아서 젊은 사람을 구하기 힘들기도 했다.

채용 공고에 사족처럼 달았던 문장이 생각났다. "가족 같은 분위기의 조용한 단지입니다." 좋아하는 문장은 아니었다. 실제로 단지가 조용하고, 직원은 나를 포함 여덟 명으로 대부분 오래 근무한 사람들이라 가족 같은 분위기라고 생각했던 모양이다. 가족 같은 분위기는 대체 뭘까. 오순도순 다정해서 늘 깨 쏟아지는 분위기일까. 그러다 '가'를 떼 낸 '(가)족 같은 분위기'의 가족은 또 얼마나 많은가. 이따금 '딸 같아서'란 말로 가족의 이름을 허위 포장해 제 욕심을 채우는 몰염치한 인간들은 또 얼마나 (가)족 같은가. 어째서 나는 가족 같은 분위기란 관념적인 표현을 썼을까.

"며느리는 며느리지. 며느리하고 딸하고 같나? 암만 잘해도 며느리는 며느리고, 아무리 못해도 딸은 딸이다."

언젠가 친정엄마가 며느리와 딸이 다 있는 자리에서 당연하다는 듯 큰 소리로 말한 적이 있다. 아무리 그래도 며느리 있는데 좀 듣기 좋게 말하지, 바른말이랍시고 뭐 저렇게까지 하나 엄마한테 눈치를 주었다. 그때만 해도 '딸 같은 며느리, 아들 같은 사위'란 달콤한 표현으로 어색한 관계를 포장하는 말이 많이 쓰이던 시절이었다. 그 바람에 집안 분위기는 '가'가 떨어져 나간 '족 같은 분

새빨간 현생 61

위기'가 되었다. 며느리가 어떻게 딸이 될 것이며, 사위가 어찌 아들 같기를 바라는지. 너무 잘 지내고 싶은 욕심이 오히려 관계를 망치는 말이란 걸 엄마가 알고 한 말이었는지는 모르지만 나는 때때로 그때 엄마의 말을 기억하곤 했다. 그런데도 채용 공고에 그 상투적인 말을 쓴 건 일이 바쁘니 누구든 빨리 채용되어 내 일을 덜고 싶다는 욕심 때문이었다.

글이건 말이건 내뱉었으면 책임을 져야 하는 법. 근로계약 기간이 3개월이니 당분간 지켜보기로 했다. 마침 기전 주임도 협조적이었다. 전기와 관련한 일이나 세심함이 필요한 작업은 본인 근무일에 하고 B에게는 단순하고 간단한 일을 시키면 크게 무리는 없을 것 같다고 했다. 그러나 3개월이 지나고 9개월을 연장한 근로계약서를 쓴 이후 여기저기에서 B에 대한 민원이 들어왔다. 한번은 세대에서 보수 작업 중 수전증을 감추려다 긴장하는 바람에 손을 더 떨었던 것 같다. "그냥 가세요. 제가 해볼게요." 보다 못한 주민이 말했고 소문은 금방 단지에 퍼졌다. 나 또한 B의 근무일에는 불안했다. 한시도 가만히 있지 않고 뭐라도 열심히 하려는 태도는 좋지만, 열심히 하는 것과 잘하는 것은 다르지 않은가. 제일 걱정스러운 부분은 안전사고 시 신속한 대응이 이루어질까 하는 것이었다.

근근이 버티다 고용한 지 1년을 한 달 앞둔 날에 근로계약 만료 예고장을 내밀었다. 사직서를 쓰는 그의 왼손은 책상 위에 얹힌 상태에서도 심하게 떨렸다. 맞은편에 얹혀 있던 내 손까지 떨렸다. 마음이 몹시 쓰였지만 이만큼 했으면 가족 같은 분위기의 책임은 졌다고 생각했다. 그동안 큰 사고 치지 않고 나름대로 열심히 했노라 여긴 B가 꽤 섭섭해했다는 걸 나중에 들었다. 지난 1년, 그가 느낀 이 단지의 분위기는 과연 가족 같았을까.

다시 채용공고를 내게 되었을 때는 사족을 달지 않았다. 기사 A는 여전히 졸고 있다. 벌떡 일어나 그의 자리로 갔다.

"어젯밤에 안 주무시고 뭐 했어요? 자꾸 졸 거예요?"

가까이 가서 큰 소리로 외쳤다.

"아, 예 예. 소장님. 뭐, 뭐 시킬 일 있어요?"

A가 퍼뜩 눈을 뜨며 안 잔 척한다.

가족 같은 분위기란 사족은 달지 않았지만 어쩌겠는가. 가족 같은 마음으로 민망해하든 말든 그때그때 깨우기로 했다. 언제 (가)족 같은 마음으로 돌변할지는 모를 일이다.

새빨간 현생 63

냉동팬티

그가 오기 두어 시간 전 팬티를 챙겨 일회용 비닐봉지에 담았다. 냉동실을 여니 버리지도, 먹지도 않은 검정 비닐봉지 속 음식들이 제각기 다른 사연을 품고 쌓여 있다. 비닐봉지에 담은 팬티를 그 사이 어디쯤 살짝 얹어두었다. 음식 사이에 팬티를 두려니 약간 찜찜하긴 했지만, 그보다는 그의 반응이 자못 궁금해 실행했다. 온종일 더위에 시달린 그가 축 늘어진 채 퇴근했다.

"에구에구 우리 신랑 고생했쪄용."

너무도 더워 포옹 따위는 적당히 생략하고 엉덩이만 살짝 토닥토닥해 주며 욕실로 밀어 넣었다. 샤워가 끝나갈 즈음 냉동실에서 팬티를 꺼내 "짜잔-" 하고 내밀었다. 그의 눈이 등잔만 해졌다. 식기(?) 전에 빨리 입어보라고 재촉의 손짓을 했다.

"우와 차가워!! 뭐야? 빤스에다 무슨 짓을 한 거야?"

"냉동팬티라고 알랑가 몰라."

한껏 어깨를 올리고 유세를 떨었다. 잠깐이겠지만 기분 좋은 차가움을 입고 그는 연신 시원하다 말하며 므훗하게 웃었다. 내 의도를 벗어난 듯한 저 웃음의 의미가 뭘까, 잠시 생각하다 이내 바삐 저녁상을 차렸다.

하루에도 몇 번씩 흙강아지가 되어 들어오는 네 살 난 큰녀석과 이제 막 뽈뽈 기기 시작해 온 집 안을 쑤석거리는 작은녀석이 당시 내 일상의 동반자였다. 요즘 말로 '독박 육아'에 시달렸던 그해 여름은 머릿속까지 땀띠가 날 정도로 지독히도 더웠다. 다시는 가을 따위 오지 않을 것처럼 24시간 내내 날마다 더웠다. 온 세상이 불덩이였다. 에어컨은 구입할 엄두조차 내지 못했던 시절, 선풍기인지 온풍기인지 헷갈릴 정도로 더운 바람을 토해내는 선풍기 앞에서 온 식구가 열대야에 맞짱 뜨던 시절이었다. 1994년 여름의 폭염 기록은 이후 오래도록 깨지지 않았다.

찰나 같은 순간이나마 에어컨 바람 같은 차가움을 주고 싶어 생각해 낸 '냉동팬티'는 효과적이었다고 해야 할까, 부작용을 일으켰다고 해야 할까. 이 남자, 저녁 숟가락 놓자마자 열대야보다 더 더운 콧김을 불어댔다. 베개에 머리만 닿으면 3분 이내 코를 고는 사람이 아이들이 잠들 때까지 조바심을 내며 기다렸다. 하지

새빨간 현생 65

만 그날따라 영 비협조적인 녀석들 때문에 기어이 코만 골고 말 았다.

드디어 94년의 기록이 깨진 2018년도 무지막지한 여름, 그는 여전히 더위를 피할 수 없는 현장에서 일한다. 그러나 퇴근할 때 마다 호들갑을 떨며 그의 수고로움을 도닥이던 내 마음은 소홀해 졌고 무뎌졌다. 큰아이가 자기를 낳을 당시의 부모 나이와 같은 나이가 되는 동안 마음이란 것은 참 많은 부침을 겪었다. 언제부 턴가 오면 오나 보다, 가면 가나 보다, 말없이 서로의 속내를 대충 짐작하며 산다. '사상 최고', '유례없는', '관측 이래' 등등 날씨에 붙는 수식어가 나날이 늘어나는 만큼 하루하루 어제보다 더 더운 오늘이 이어진다. 급기야 '초열대야'란 용어까지 등장했다. 정말 숨쉬기도 힘들 정도의, 생전 처음 느껴보는 더위다.

"안 죽고 살아 왔네?"

퇴근한 그에게 오랜만에 농담 삼아 한마디 던졌다. 살인적인 폭 염이 기승을 부린 날이었다.

"집이 천국이네. 에어컨 없었을 때는 어떻게 살았나 몰라."

에어컨 앞에서 그가 말했다.

다음 날 출근 전, 부랴부랴 빨래를 널다 문득 냉동팬티의 기억이 떠올랐다. 에어컨이 없던 그 옛날만큼의 의미야 없겠지만 젊은 날의 추억을 돌아보면서 딱히 할 말도 없는 부부 사이에 윤활유나 한번 쳐볼까 하고 깜짝 이벤트를 준비했다.

"엄마, 팬티를 왜 냉동실에 넣어놨어?"

퇴근한 큰녀석이 씻을까 먹을까를 고민하며 냉동실을 기웃거리다 묻는다. 녀석을 보니 이 엄마가 제정신인가, 하는 표정이다. 아침에 넣어둔 냉동팬티를 까맣게 잊고 있었는데 그때야 퍼뜩 생각이 났다.

"아, 그거 샤워하고 입으라고. 엄청 시원….."

"아아, 그래? 그럼 저녁 먹기 전에 먼저 씻어야겠다."

내 말이 끝나기도 전에 녀석이 팬티를 가지고 욕실로 들어갔다. 아뿔싸, 냉동실에 넣어둔 것이 아들놈 팬티였나 보다. 언제부터인가 남편 팬티와 아들 팬티가 잘 구별이 되지 않는다. 이 남자들은 모양과 디자인이 비슷비슷한 사각팬티를 입는다. 나름 구별해서 옷장에 넣어두면 "왜 아들 거를 여기다 놨어?" "엄마, 이거 아빠 거라고요." 하는 민원이 자꾸 발생했다. 팬티에 이름을 쓰자고 했더니 여기가 무슨 군대냐고 크기가 다른데 왜 구별을 못 하느냐는 남편의 타박이 이어졌다. 하지만 같은 사이즈라 해도 브랜

새빨간 현생 67

드마다 좀 크게 만든 것도 있고 작게 나온 것도 있고 참 헷갈린다. 조금 차이가 난다 한들 빨래 개킬 때마다 일일이 대보는 것도 일이다. 해서 어느 날부터인가 개킨 팬티들을 거실 한쪽에 쌓아두게 되었다. 각자 알아서 자기 팬티 찾아가는 시스템(?)이 정착됐다. 아침에 대충 보고 이거겠지, 하고 하나 골라 냉동실에 넣어두었는데 그것이 하필 아들 팬티였던 것이다. 이벤트 실패다.

"네 거라 해도 지금 갖고 들어가면 안 되는데. 샤워할 동안 냉기가 다 날아갈 텐데…. 하긴 네가 그 시절 그 뜨거운 날에 입는 냉동팬티의 시원함을 알겠냐마는."

욕실 문짝에 대고 중얼거린다. 현관문 여는 소리가 난다. 그가 오나 보다. "말하지 않아도 알아요." 초코파이 옛날 CM송을 흥얼거리며 저녁상 차릴 준비를 한다. 오늘 저녁도 말하지 않은 마음을 대충 알아차리는 시간이 될 모양이다.

밥도둑과 엄마찬's

퇴근길, 머릿속으로 냉장고를 뒤져보니 찬거리가 신통치 않다. 시장으로 발길을 돌렸다. 이놈의 반찬 걱정에서 언제나 해방될까. 퇴근 후의 시간을 고스란히 나만을 위해 쓰고 싶다는 일생일대의 소원이 또 머리를 치켜든다. 시장 중심부를 향해 경보 선수처럼 걷던 중 뭔가 익숙하지 않은 상가의 모습이 스친 듯해 발을 멈추고 뒷걸음질을 쳤다. 반찬가게다. 가게 안은 이미 북적북적했다. 시장 중심에서 보던 반찬과는 다른 깔끔하고 정갈한 만듦새와 다양한 종류, 말끔한 포장이 눈길을 끌었다. 한 팩에 3,000원인데 다섯 팩을 고르면 만 원이란다. 손길이 바빠졌다. 막상 집에 가서 먹으면 한두 번 만에 젓가락질이 멈추게 되는 여느 반찬과는 다르길 바랐다. 기막힌 맛을 내겠다고 용감무쌍하게 덤볐던 스무 해 전 어떤 날들이 떠올랐다.

새빨간 현생 69

보라색 바탕에 하얀색으로 '밥도둑'이라 글을 새긴 간판은 산뜻하고 예뻤다. 벌어지는 웃음을 여미면서 각오를 단단히 하는 것도 잊지 않았다. 유동 인구가 많은 시장은 일─자로 이어져 있었다. 자금이 부족한 나는 시장 안으로 진입하지 못하고 끄트머리에서 ㄱ자로 꺾인 곳에 작은 반찬가게를 차렸다. 친정엄마의 음식 솜씨를 물려받았을 거라 믿었다. 이따금 음식을 만들어 이웃들에게 나눠주면 맛있다는 말을 들어온 터라 자신 있었다.

오픈 첫날, 하루 매출이 20여만 원이었다. 때는 2000년도, 당시 20만 원이면 꽤 쏠쏠한 수입이었다. 계산기를 두드렸다. 한 달 30일 내내 일할 생각도 없었으면서 계산은 20만 원에 30일을 곱했다. 600만 원. 재룻값, 임대료 합해 50%라 치니 순이익이 300만 원이다.

그때 내 나이 서른여섯. 지금 생각하면 청춘이라 할 만한 시절이지만 당시 지극히 평범한 내가 취직할 데라고는 공장이나 식당, 보험설계사, 혹은 작은 회사 경리 정도였다. 급여 수준은 80만 원 남짓. 그 하룻밤 내내 기와집을 몇 채나 지었다 부쉈다 하느라 밤잠을 설쳤다. 가게가 잘되면 그 수익이 남편과 헤어지는 데쓸 독립자금이 될 수도 있겠다 싶었다. 당시 우리는 아슬아슬하게 하루하루를 버티는 중이었다. 사소한 일로도 서로를 못 견뎌

했고 다시는 안 볼 사람들처럼 치열하게 싸우고 있었다.

"간판 참 예쁘다. 가게 이름도 참 잘 지었네. 반찬가게랑 딱이다, 딱이야."

이따금 들르는 지인들이 말했다. 행인들도 그랬다. 하지만 그게 다였다. 그저 지나갈 뿐이었다. 시장 중심에 자리한 가게는 먼지가 앉든 말든 반찬을 길거리에 내놓고 사람들 눈길을 끌었다. 그에 반해 나는 깨끗하고 청결하게 한다고 진열장을 가게 안에 들여놓았다. 당장 눈앞에 물건이 있을 때 소비자의 구매 욕구가 훨씬 높다는 걸 그때는 몰랐다. 매출은 점점 떨어졌다. 반찬가게 바로 옆은 화장품 가게였고 그 맞은편에 미용실이 있었다. 나이가 또래인 셋은 하루 인사를 "개시했냐?"로 시작했다.

시장 안 반찬가게를 염탐하는 시간이 길어졌다. 좁은 통로를 사이로 양쪽으로 반찬가게가 있었다. 조미료와 물엿 범벅인 반찬들의 윤기가 백열등 아래 반짝반짝 자르르했다. 온갖 반찬이 시식용 이쑤시개를 등에 꽂고 저녁 장을 보는 사람들의 발길을 붙잡았다. 우선 먹기는 입에 참 달고 맛있었다. 내 속만 쓰렸다.

생각 끝에 진열장을 밖으로 내기로 했다. 출입문의 크기가 작아 오픈 전에 했던 작업인 전면 유리를 떼었다 붙이는 일을 반복

했다. 비용이 또 들었다. 전을 부쳐 고소한 기름 냄새도 풍겼다. 도시락 배달을 하기로 했다. 어차피 반찬을 해놓았으니 요일별로 메뉴를 달리하고 밥만 해서 팔면 될 것 같아 시작했지만 무슨 오지랖에 어떤 날은 갈비찜도 메뉴에 넣었다. 도시락 가격은 이미 정해 전단을 뿌렸기에 더 올릴 수는 없었다. 그해 멸치 가격은 끝도 없이 치솟았다. 구색을 갖추려 볶아놓긴 했지만 얼마를 받아야 남는 장사인지 숫자 개념이 젬병인 내겐 난제였다. 결국 양도 줄이지 못하고 가격도 올리지 못했다. 손님에게 밥도둑이어야 할 반찬들이 내게 돈도둑이 되어 덤벼들었다.

대구에 사는 친구가 김장아찌를 한번 해보라 했다. 저 사는 동네 대형마트 반찬 코너에 김장아찌가 있는데 잘 팔린다는 것이다. 먹어보기는커녕, 듣도 보도 못한 김장아찌를 친구의 말만 듣고 상상했다. 짭조름하고 달착지근하다니까 간장과 물엿이 들어갔을 터. 간장에 닿은 김이 풀어지지 않고 낱장으로 버틸까. 여러 번 시행착오 끝에 간장과 물엿 등을 잘 배합해 끓여 식힌 것을 김 한 장 한 장에 적셔 장아찌를 만들었다. 들어가는 공에 비해 그릇 바닥에 납작 엎드린 결과물은 빈약했다. 이 장아찌가 그 장아찌인지는 모르겠지만 맛은 괜찮았다. 하지만 그것 또한 잘 팔리지 않았다.

서울 목동 남부시장에서 반찬가게를 하고 있고 우리 가게에 젓갈류를 대주고 있는 지인이 방문했다. 김장아찌를 보더니, 흥미를 보이며 본인이 좀 팔아보겠단다. 거긴 너무 바빠 시간이 없으니 여기서 만들어 납품하라 했다. 내가 두부조림을 온종일 두 모 팔 동안 목동에서는 두 판이 팔린다는 자랑도 잊지 않았다. 그가 파는 두부조림 레시피는 내게서 배워 간 것이었다. 자존심이 조금 상하긴 했지만 뭐 가릴 처지가 아니었다.

만들어놔도 팔리지 않는 반찬이 늘어가는 상황에서 김장아찌 납품 역시 죽은 놈 콧김만도 못했다. 우리 가게에는 눈길도 주지 않고 제 갈 길만 가는 거리의 사람들이 야속했다. 밑지기만 하는 도시락 배달은 포기했다. 팔다 남은 반찬만 준다고 남편이 짜증을 냈다. 아, 이러다 독립자금을 모으기는커녕 이 사람한테 찍소리 못 하고 붙어살아야 할 시간이 길어질 것 같았다. 여러 날 고민 끝에 돈도둑이 날강도가 되기 전에 접자는 결론을 내렸다.

자본이 부족하면 경험이라도 풍부했어야 했다. 재료의 유통이 어떻게 되는지, 장사를 위한 반찬은 집에서 만드는 반찬과 어떻게 다른지 알고 덤벼야 했다. 아니면 솜씨가 탁월하든가, 장사 수완이 뛰어나든가. 눈대중으로 대충 한 시장조사와 막연히 '되겠지' 했던 안일함도 패착이었다. 그 모든 것이 가게를 말아먹고 나니 환하게 보였다. 끌어안고 있다가는 폭망하겠다는 생각을 한 건 그나마 다행이었다. 봄날 아지랑이에 눈이 멀어 희망인 줄 알고 시작한 가게 간판을 그해 가을 찬바람을 맞으며 내렸다.

기어들어 가는 목소리로 폐업을 선언한 내게 남편은 달다 쓰다 말이 없었다. 팔리지 않아 상해 가는 반찬 같은 꼴을 한 얼굴을 보고 뭐라 말을 더 보태랴 싶었는지 모르겠다. 독립 기회는 그의 밥숟가락에 얹힌 반찬처럼 슬그머니 자취를 감췄다. 망한 가게를 수습하는 것은 저지를 때 못지않게 품이 드는 일이었다. 집기들은 터무니없는 가격으로 중고 매장에 팔아야 했고, 전화나 전기 등 각종 공과금을 정산하고 명의를 해지해야 했다. 계약 종료일 전에 나가는 것이니 다른 임차인이 나타나기 전까지 월세는 보증금에서 따박따박 떨어져 나갈 터, 손해를 줄이고자 하는 내 마음은 100m 달리기를 10초 안에라도 끊을 기세로 바빴다. 겨우겨우 임대인 입맛에 맞는 임차인을 들이고 「밥도둑」 막을 내리고 나니 지긋지긋한 사랑을 끝내고 돌아선 사람의 마음처럼 다시는 뒤돌아보고 싶지 않았다.

두 손 가득 반찬을 들고 가벼운 발걸음으로 가게를 나와 뒤돌아 간판을 본 순간 우뚝 걸음을 멈췄다. 「엄마찬's」. 기발하다. 반찬가게 이름으로 「밥도둑」만 한 것은 없다고 자부했던 나는 순간, "졌다."라고 내뱉었다. 사회 고위층 자녀들이 부모의 지위나 재력을 통해 입시나 취업 진입 장벽을 쉽게 뛰어넘는 사태를 빗대어 엄마 찬스네, 아빠 찬스네 하며 비판하는 기사를 봤는데 그 표현이 반찬가게 간판에서 찬란하게 빛나고 있었다. 마치 그곳이 제자리인 듯. 공정하고 바람직한 엄마 찬스를 만난 기쁨에 흐뭇한 기분으로 나 혼자 단골 예약을 했다. 내가 줄 수 있는 찬스이기에.

내 「밥도둑」도 찬스를 만났다면 어땠을까. 혼자 막연히 장사의 세계에서 고군분투할 때 단 한 번만이라도 막막한 앞을 터줄 누군가를 부르는 찬스를 쓸 수 있었다면 그 결과가 달라졌을까. TV 프로그램 「백종원의 골목식당」 같은 대박 찬스까지는 아니더라도, 지금처럼 다양한 소상공인 지원책이라도 있었더라면 「밥도둑」 간판은 지금도 환하게 불을 밝히고 누군가의 엄마찬's와 엄마 찬스가 되어주고 있었을지도 모르지. 스무 해나 묵은 아쉬움이 새삼스레 집으로 가는 발길에 자꾸 채였다.

새빨간 현생 75

촌발 날리기

업무차 거래 은행 아홉 군데를 들러 일을 보고 버스에서 내렸다. 지친 몸을 이끌고 정류장 건너편 스타벅스로 향했다. 오래전 지인이 보내준 모바일 선물 교환권도 쓸 겸, 달달한 커피 한 잔으로 원기 회복을 할 참이었다. 메뉴판 앞에 서서 카페라테를 주문하고 나니 절친 언니가 들려준 사연이 떠올랐다. 지인들과 커피를 마시러 가면 그중 한 분이 꼭 카페라테만 주문하더란다. 하도 그것만 시키기에 어느 날은 너무 궁금해서 카페라테가 그렇게 맛있냐고 물어봤다지.

"아니, 맛은 잘 몰라. 이 중에서 내가 발음할 수 있는 게 카페라테밖에 없어서 그래."

언니가 덧붙이기를 그나마 그 카페라테 발음도 약간 어색해서 귀 기울여 들어야 알아챌 수 있다고 했다. 우리는 한참 웃다가 격

76 주황색 거짓말

하게 공감했다. 이제 여차하면 시쳇말로 촌발 날리는 나이라면서 서로를 위로했다.

"톨 사이즈로 드릴까요?"

잠시 딴생각하는 틈으로 점원이 물었고 나는 아, 저 사이즈는 어느 만큼의 양을 말하는 것일까 짐작해 봤다.

"아니면 ***로 드릴까요?"

뭐라는 거지? 알아들을 수 없는 용어다. 더 시간을 끌기엔 뒤통수가 뜨끈했다.

"톨… 그게 제일 작은 사이즈예요?"

에라 모르겠다. 내가 아는 단어로 되물었다. 네, 라는 대답에 그냥 익숙한 대·중·소로 구분하면 참 좋겠다고 생각했다. 이러다 나도 카페라테만 주문하는 그이처럼 다른 사이즈는 발음을 못해서 겨우 익힌 톨 사이즈로만 주문하게 되지 않을까.

언젠가 마트 가는 길에 아들에게 전화해 뭐 필요한 거 없냐고 물었다.

"그럼 엄마, 오는 길에 배라 아이스크림 좀 사다 줘."

배라 아이스크림이 뭐냐고 되물으려다 재빨리 머리를 굴렸다. 아이스크림이라… 마트 안에 있는 아이스크림 집이겠지? 그렇다

새빨간 현생 77

면 배스킨라빈스? 아하, 줄여서 배라? 그렇군. 줄임말 익히기도 벅차다. 무슨 맛으로 사 갈까 물으니 "엄마가 알아서… 초코 맛으로." 사 오란다.

알아서 초코 맛으로 사기 위해 상점 앞에 섰다. 뉴욕치즈케익, 민트초콜릿칩, 아몬드봉봉, 레인보우샤베트, 엄마는외계인, 초콜릿무스…. 이름도 생소하고 종류도 엄청나게 많았다. 겨우 외운다 해도 주문하다 혀가 꼬일 판이다. 아이들이 어릴 때 이따금 아이스크림 케이크는 사본 적이 있지만, 낱개로 사려니 주문을 어떻게 해야 하나 당황스러웠다.

일단 초코 위주로 세 가지 정도 눈으로 찜해 두었다. 내 주문 순서가 되자 왠지 침이 꼴깍 넘어갔다. 저… 이거 하고, 이거 하고… 손가락으로 찜해 두었던 아이스크림을 가리키자 점원이 담아 갈 용기 크기는 어떤 것으로 하겠냐고 물었다. 내 상식으로는 아이스크림을 먼저 고르고 양에 따라 용기 크기를 정하는 것이 맞지 싶어 원하는 아이스크림만 자꾸 가리켰다. 답답하다는 듯 점원의 목소리 톤이 올라갔다. "그러니까 용기를 먼저 선택하시고 거기에 따라 아이스크림 종류를 말씀하세요." 아, 아이스크림 하나 사 먹기가 이렇게 힘이 드나, 용기 고르기 전에 용기가 사라질 지경이다. 정말 '촌발 날리는 중'이다. 그제야 주렁주렁 달린 안내판들을 보니 용기 종류가 한둘이 아니다. 콘으로 할래, 컵으로 할래부터 시작해서 콘 종류도 여러 가지, 컵도 각양각색이다.

우여곡절 끝에 아이스크림을 사 들고 집으로 와 아들한테 자초지종을 말하니 실실 웃던 녀석이 "엄마도 이제 '엄마는 외계인'이야?"라고 묻는다. 오래전 인터넷에 떠돌던 얘기를 보고 하도 웃겨서 녀석에게 들려준 걸 기억하고 있었던 것이다.

어떤 딸이 엄마와 배스킨라빈스엘 갔단다. 뭘 먹겠냐는 딸 말에 엄마는 안 먹겠다고 했다. 그런데 딸이 점원한테 가더니 "엄마는 외계인 주세요."라고 주문했다. 뒤에서 듣던 엄마가 "엄마는 됐다니까. 엄마는 안 먹는다고!!"라고 하며 마구마구 손사래를 쳤다고 한다. 아이스크림 이름이 '엄마는외계인'이란 사실을 몰랐던 것이다. 이 얘기를 아들에게 할 때, 그때는 '엄마는 외계인'이 내게는 해당하지 않을 일이라 생각하고 그렇게 배꼽을 잡고 웃었을까.

세상은 빠르게 변화한다. 온갖 것이 다양해지고 복잡해지는 속도에 눈이 핑핑 돌 지경이다. 우리말도 자꾸 잊어버리는 판인데 주변에는 온통 영어 간판, 영어 메뉴, 영어 단어들이 여름 나무처럼 무성하다. 귀로는 알아듣겠는데 입은 영 안 떨어지는 아파트 이름들. 자고 나면 생기는 온갖 신조어, 줄임말들. 도무지 따라갈

새빨간 현생 79

수가 없다. 그런 나 자신에게 화도 나고, 몸과 마음이 퇴화하는 기분에 한동안 몹시 서글펐다. 우울감이 깊어지면서 뭔가 시도조차 하지 않으려는 나와 어떤 타협이라도 해야겠단 생각이 들었다.

"쉰다섯 살, 먹을 만큼 먹었다지만 십 년 후 예순다섯보다는 젊잖아."

이건 그동안의 내 '십 년 주기' 위로 방법이고 거기에 한 가지를 더 얹었다.

"영어 발음 좀 안 되면 어때. 주문하다 실수 좀 하면 어때. 단어 하나면 설명될 것을 그 단어가 생각나지 않아 설명이 길어지면 좀 어때. 옛날에는 다 잘했던 것들이라고! 편하게 촌발 좀 날리며 살지 뭐."

나이가 주는 대범함, 또는 뻔뻔함으로 맞서보자는 것이다.

한 달에 삼천만 원

"뭐? 3천? 진짜?"

"응. 진짜다! 옆 단지에서 소장 하던 분이 작년에 그 자격증 따가지고 올여름 한 달 일해서 3천 벌었다 카드라. 일은 뭐 다 촌에가야 하니까 여행 가는 마음으로 가서 하면 된다 카네."

얼추 1년 치 연봉을 한 달에 벌었다고? 자격증 공부는 다시 안할 거라 다짐했건만 쓰윽 구미가 당겼다.

"아파트 관리소장 일 날마다 불안하고 심장 떨려 죽겠는데, 손해평가사 이거나 공부해서 나는 노후대책이나 마련할란다."

퇴근길마다 전화로 서로의 고단한 일과를 위로하던 친구의 말에 그날부터 '손해평가사' 검색에 들어갔다. 정식 명칭은 '농작물 재해보험 손해평가사'라고 한다. 이름에 나와 있듯이 보험에 가입된 농작물이나 가축 재해에 관련한 피해사실 확인, 보험가액

및 손해액 평가 등의 일을 한다. 검색할수록 흥미가 생겼다. 관리소장은 태풍이나 집중 호우 등 재해가 올 때마다 단지에 피해가 생길까 봐 전전긍긍, 노심초사, 피가 마르는데 손해평가사에게는 일거리가 생긴다니, 세상사 음지가 있으면 양지도 있다는 이치를 새삼스레 떠올렸다. 각종 재해로 큰 손해를 본 농민들의 마음도 어루만져 줄 수 있는 꽤 괜찮은 직업일 거 같다는 막연한 믿음이 생겼다.

기상이변으로 자연재해가 늘어나고 있으니 피해 대책을 위해서라도 보험 가입은 꼭 필요해 보인다. 다행히 정부나 지자체에서 보험료 상당 부분을 부담해 준다고 한다. 농가의 자비 부담률은 20~30% 정도여서 가입 농가의 수가 점차 증가하고 있다는 것은 큰 장점이었다. 농작물재해보험이니 일터는 당연히 농촌이고, 한 지역을 맡으면 곧 장기 출장으로 이어진다는 것도 이 일의 매력이었다. 남편을 출장 보내 저녁거리 고민에서 해방되는 것이 내 평생의 꿈이었는데, 출장을 내가 간다니 이 어찌 꿈 같은 직업이 아니겠는가. 이쯤 되자 마음은 순식간에 기울었다. 1차 시험이 내년 6월, 2차 시험이 9월 예정이니 1, 2차 동차 합격을 목표로 12월인 지금부터 공부를 시작하면 가능할 것도 같았다.

결심하면 바로 실행에 옮기는 급한 성미 탓에 단박에 교재와 동영상 강의를 샀다. 인천에서 안양을 오가는 출퇴근길은 길고, 경리 업무까지 하느라 온종일 바쁘니 한시라도 빨리 시작하자 싶었다.

업무 중 전표를 입력할 때였다. '리필'이란 단어를 써야 하는데 리… 리… 다음 글자가 떠오르지 않았다. 커피 마실 때 많이 쓰던 단어인데. 리… 뭐더라. 리플? 아니야. 그건 가상화폐고, 리… 입 안에서만 뱅뱅 돌았다. 억지로라도 기억해 내려고 머리를 쥐어 뜯다 별수 없이 포털사이트에 '커피 리'를 입력하니 리필이 떴다. 알고 나니 어찌나 허망하던지. 자연스럽게, 당연하게, 무심히 쓰던 단어를 순간순간 까맣게 잊는 때가 점점 많아진다. 이런 상태로 자격증 시험이라니 다시 짚어봐야겠다 싶었다. 건성 보고 넘겼던 기출문제를 꼼꼼히 살폈다. 1차 시험은 객관식이고 난도가 그다지 높은 편은 아니라 여차하면 찍으면 되겠지만 문제는 2차 시험이었다. 생전 들도 보도 못한 용어도 용어지만 모든 문제가 단답형, 서술형이니 답이 머릿속에서만 맴돌고 손끝으로 내려오지 못할 것이 자명했다. 보험금 산출 문제는 더 난감했다. 한 가지도 아니고 몇 가지의 공식이 있고, 그 공식들을 달달달 외워야 풀 수 있는 문제다. 반복적인 공부밖에는 답이 없는데 문제는 시간이었다. 합격 후기에 비춰 내 나이와 두뇌 상태, 그리고 직장 생활을 고려하니 평일엔 두세 시간, 주말엔 종일 도서관에 붙어살아야 한다는 결론이 났다. 그렇다면 이제부터 글을 쓴다거나 책을 읽을 시간은 절대 없다는 뜻이다. 한 1년 글쓰기와 독서를 모두 내려놓고 자격증 공부에 매진할 것인가, 고민이 시작되었다. 시도하자니 늘 머리맡에 두는 수첩과 읽지 못한 책들이 눈에 아른거렸고, 포기하자니 손가락 사이로 무언가가 빠져나가는 느낌이었다.

주말 저녁, 모처럼 가족이 모여 식사하는 자리에서 내 결심을 털어놓았다. 공부를 시작하자면 남편과 집에 있는 큰아이한테 협조를 구해야 했다. 밥을 먹고 나면 되도록 설거지를 하고, 내가 손댈 필요 없게 정리 정돈 좀 잘하고, 지금도 그렇지만 이제부터는 더 각자도생의 길을 가라고 했다. 그 공부를 왜 하려 하느냐고 남편이 물었다. 아들들이 독립하면 고향인 강원도 화천으로 가 살기로 계획한 터라, 이 자격증을 따놓으면 노후에 꽤 짭짤한 수입원이 되지 않겠냐 말했다. 남편은 시골 아니라 어디를 가도 본인이 다 할 건데 왜 만날 꼼지락거리며 인생 고달프게 사느냐고 했다. 그 말에 다른 때 같았으면 화가 났을 것이다. 내 딴에는 열심히 사느라 이러저러한 자격증도 따고 그 자격증으로 지금 직장 생활도 하고 있는데 고달프게 산다고? 꼼지락거린다고? 그런데 이번에는 이상하게 화가 나기는커녕 위로받은 기분이 들었다. 마음 한구석에서 공부를 할까 말까 하는 고민이 왔다 갔다 했는데, 고민의 추가 방향을 정한 것 같았다.

손해평가사의 실무를 곰곰이 생각해 봤다. 처음에는 구미가 당겼던 장기 출장의 단점이 보이기 시작했다. 지방 출장은 팀을 구성해서 간다. 활동하는 평가사들은 대부분 남자라는데 그 틈에 끼어 장기간 일할 수 있을까. 덜 주려는 자, 더 받으려는 자의 이해충돌 속에서 일을 잘 수행할 수 있을까. 재평가 요청도 많다는데…. 과수원 손해 평가할 때는 나무에 달린 사과를 목이 빠져라 일일이 모두 세야 할 때도 있다는데…. 어르신만 있는 농가에서 평가를 잘 이끌어 내려면 종일 수확 일을 도와야 할 때도 많다는데…. 그래서 이 일을 상上노가다라고도 한다는데…. 이 자격증을 따서 직접 실무를 하게 될 때쯤이면 내 나이는 몇 살일까. 쉽사리 덤벼들 일이 아니란 생각이 머리맡에 읽다 만 책갈피 속에서 자꾸 읽혔다.

요 며칠 잠깐 나를 설레게 했던 손해평가사 자격증은 이솝우화 속 여우의 신 포도처럼 저 높은 곳에 매달려 익어가고 있다. 단 포도인지 신 포도인지는 노력해 따 먹는 자만이 알겠지. 그리고 나는 한동안 포도가 익어가는 길을 비켜서 다닐 것 같다.

전지적 침대 시점

그때가 아마 봄이었을 거야. 아니, 겨울이었나? 요즘 내가 이래. 정신이 가물가물해. 이러니 이제 구찬희 여사가 날 버린다 해도 할 말이 없어. 그래 맞아, 봄이었어. 두 사람의 관계가 하도 변덕스러워 봄 날씨 같다고 생각했거든. 세상 다정한 사이 같다가도 별안간 죽일 듯이 싸우더라니까. 베개 집어 던지는 거쯤은 기본이고 어떤 날은 구찬희 여사가 오불뚝 씨 폴더폰을 빨래 짜듯 뒤틀어서 분질러 버린 적도 있었어. 오불뚝 씨는 언제까지 그 일을 우려먹을 거냐면서 펄펄 뛰고 그러더라고. 그 일이 뭐냐고? 그때는 나도 몰랐지. 친구들하고 통화하는 구찬희 여사의 말을 빌리면 오불뚝 씨가 글쎄 바람이 났었다나 봐. 용의주도와는 담을 쌓은, 아무 때나 불뚝거리는 성질이니 보나 마나 바로 들켰겠지.

구찬희 여사는 파헤칠까 묻을까 잠깐 고민했다지. 그런데 파헤

새빨간 현생 87

칠 것도 없었대. 증거를 질질 흘리고 다니는 오불뚝 씨 덕에 '안 봐도 비디오'란 말이 이럴 때 쓰는 말이구나 했대. '니가 무슨 짓을 하고 다니는지 다 알고 있으니 적당히 해라.'라고 암시를 줬지만, 눈치코치 없는 오불뚝 씨는 그러거나 말거나 신바람이 나서 돌아다녔대. 꼭지가 돌아버린 구찬희 여사 입에서 드디어 이혼 얘기가 나오고 한바탕 집안이 홀렁 뒤집어졌었나 봐. 집에서 당장 나가라고 오불뚝 씨를 쫓아내려 했는데 죽어도 바람 아니라고 잡아떼면서 버티더라나.

그런데 구찬희 여사가 막상 이혼하려고 가만히 생각하니 귀찮은 일들이 한둘이 아니더래. 오죽하면 별명이 구찬희겠냐고. 핑계 삼아 그간의 부부관계를 가만히 생각했다나 봐. 언제부터인지 틀어지고 꼬인 두 사람 사이는 늘 아슬아슬했대. 이유 따위는 기억도 안 나고 각자 서로를 탓하기에만 급급하다가 냉전이 길게 이어지던 중에 일이 터진 거라나. 이혼하기는 너무 귀찮은데 그렇다고 이대로 눌러앉는 것도 영 모양 빠지는 일이라 어쩔 수 없이 생각을 달리해 보기로 했대. 상대가 변하길 바라지 말고 스스로 변해 보기로 말이야. 하, 참 교과서 같은 말이지만 어쨌든 사람이 한 생각 달리하니 그렇게 꼴 보기 싫던 남편이 조금 덜 보기 싫더래. 그때 마침 오불뚝 씨가 자꾸 침대 타령을 하더라는 거야. 그

때까지 이 집에는 침대가 없었거든.

"왜! 바람나서 침대서 뒹구니까 좋든?"

구찬희 여사가 농담인 척 뼈 있는 말을 던졌는데 아, 눈치 없는 오불뚝 씨. 또 걸려들었던가 봐.

"응…. 아, 아니, 아니라고! 바람 아니라니까!" 저도 모르게 대답해 놓고 수습하느라 똥을 싼 거지. 또 한바탕 폭풍이 지나갔겠지. 그래도 구찬희 여사가 통 크게 외쳤대.

"그래, 좋다. 사준다. 내가!

이렇게 해서 모든 갈등이 풀리고 그래서 그들은 오래오래 행복하게 잘 살았대, 라는 마무리를 기대한 건 아니겠지? 서로 노력하여 관계를 회복하자 약속했지만 그게 뭐 그리 쉬우려고. 마음이 어디 한 번에 탁 달라지겠어? 발단은 잠자리였어. 말하자면 오불뚝 씨의 수면 스타일이라고 해야 할까. 집에 오면 차려주는 밥 먹고 TV 리모컨 가슴에 꼭 쥐고 슬그머니 드러누웠다가 3분이나 지났을까 싶으면 바로 코 고는 소리가 나거든.

구찬희 여사는 세상 편하게 자는 오불뚝 씨를 보면 부아가 돋나 봐. 발로 툭툭 차보기도 하고 일부러 꿀렁꿀렁 침대를 흔들어 보기도 했지만 참 눈치 없는 이 양반, 코 고는 소리까지 우렁찬 거

새빨간 현생 **89**

야. 얼마나 얄미웠던지 구찬희 여사가 오불뚝 씨 코를 냅다 비틀었어. 그, 폴더폰 비틀 듯이 말이야. 자는 사람 코털, 아니 코를 비틀었으니 제아무리 기절 같은 잠이 들었다 해도 벌떡 깨지, 암. 그러고는 또 얼마나 불뚝 성질을 자랑했겠어.

"밖에서는 베드썬 찍고 집에만 오면 레드썬도 아니고 베드썬이냐?"

막상 오불뚝 씨가 버럭버럭 성질 자랑을 하자 구찬희 여사가 얼결에 또 지난 일을 들먹였어. 베드썬이 뭐냐고? 글쎄, 최면술에서 쓰는 레드썬이란 말을 흉내 낸 것이 아닐까 싶어.

"뭔 소리야! 아, 아니라고, 아니라니까!"

오불뚝 씨는 어디에서 코치라도 받았는지 어느 순간부터 뭔지도 모르고 뭐든 무조건 아니라고 우기고 보더라고. 구찬희 여사는 또 그걸 믿는 눈치야. 아니, 믿고 싶었던 걸까?

솔직히 내가 이 집 부부 때문에 맘 졸이고 사느라 쉬이 늙었다니까. 걸핏하면 새벽녘에 투덕거리는 통에 잠은커녕 숨도 제대로 못 쉬고 살았어. 추위를 많이 타는 오불뚝 씨가 이불을 죄 끌고 가 돌돌 말고 자서 이불 쟁탈전이 벌어지는 날도 숱했지. 초저녁잠이 많은 이 양반, 새벽에 단잠 자는 구찬희 여사를 자꾸 깨워놓는 바람에 둘의 신경전이 말도 못 했어. 그러나 그때까지만 해도 오불뚝 씨에게는 봄날이었지. 구찬희 여사가 어느 날 안방을 나간 거야. 지금 생각하니 작정한 듯 참 자연스러웠어.

그날은 이 집 큰아들이 입대를 한 날이었어. 울며불며 아들 방에서 하루를 자더니 하나둘 소지품이며 읽던 책들까지 들고 그 방으로 이사를 하는 거야. 이불 때문에 싸울 일도 없고, 다디단 새벽잠 깰 일도 없이 숙면을 취하니 세상 편하고 좋다더라고. 난리 칠 줄 알았던 오불뚝 씨는 '유사시 합방' 조건으로 설득당하더구먼. 그런데 그 유사시는 내가 있는 방에서는 잘 일어나지 않더라고. 목마른 놈이 샘 판다고 먼저 목마른 놈은 늘 오불뚝 씨였으니 구찬희 여사 방으로 원정 갔다나 뭐라나.

그 덕에 나는 평생을 오불뚝 씨의 홀아비 아닌 홀아비 냄새와 방귀 냄새와 담배 찌든 냄새, 밤새 흘리는 식은땀에 절어갔지. 아, 천둥소리 같은 코 고는 소리와 이빨 가는 소리는 또 어떻고. 둘이 지낼 때는 그래도 가끔 매트리스라도 뒤집어 주더니 지금은 어쩌다 침대보 갈아주는 정도야. 아, 내가 지금 불만을 말하는 건 절대 아니야. 그냥 그렇다는 거지.

요 며칠 구찬희 여사가 나를 자꾸 흘겨보네. 어차피 오불뚝 씨 혼자 "베드썬!" 하고 자는 방에 내가 자리만 차지한다며 이제 나를 버리고 싱글 침대로 바꿀 심산이래. 나도 이제 늙고 병들었으니 떠나야 할 때도 됐지. 이 부부와 '베드썬'의 인연이 다하면 '베드썬'의 연으로도 한번 만났으면 좋겠어. 사물과도 인연이 있단 말이지.

집에 가고 싶다 증후군

첫 가을 운동회를 앞두고 아이들은 달리기 연습에 매진했다. 운동 감각이 둔한 나는 아무리 연습해도 꼴찌를 탈출할 수 없는 달리기가 너무나 부담스러웠다. 받아쓰기는 연습 따위 필요 없이 늘 백 점인데 이놈의 달리기는 연습 따위 소용없이 늘 꼴찌 붙박이었다. 내 몸뚱이인데 왜 내 마음대로 안 움직이는지 모를 일이었다. 운동회 날이 오지 않기를 바랐다. 나와 다르게 태생적으로 발이 빠른 친구들은 달리기 연습이 시들한지 어느 날부터 철봉놀이를 시작했다. 속도를 내지 않아도 되는 철봉 매달리기는 나도 할 수 있을 것 같았다.

두 손으로 철봉을 단단히 잡고 팔과 철봉 사이로 다리를 끌어올려 몸을 둥글게 말아 한 바퀴 빙 돈 후에 폴짝 뛰어내리는 놀이는 보는 것만도 짜릿하고 경쾌했다. 쉬는 시간마다 철봉 주위는

새빨간 현생 93

북새통으로 줄을 서서 순서를 기다려야 했다. 그러나 나는 막상 순서가 오면 겁이 나서 슬그머니 뒤로 빠졌다. 보다 못한 친구들의 격려와 독려에 자신감을 잔뜩 안고 철봉에 매달린 날이었다. 친구들 도움으로 어찌어찌 다리를 말아 올려 빙글 돌기 직전이었다.

쿵! 거꾸로 보이는 세상이 무서웠을까. 아찔한 생각에 순간 손을 놓아버렸다. 머리부터 땅에 처박히고 코피가 터졌다. 운동장에 있던 아이들이 다 뛰어오는 것 같았다. 곧이어 6학년이었던 작은오빠가 제 친구들 손에 끌려왔다. 학교 옆 도랑으로 데리고 간 오빠는 가시나가 겁도 없이 철봉엔 왜 기어 올라가서 떨어지냐고 투덜거리며 얼굴을 씻겨주었다. "집에 가자." 오빠가 난생처음 등을 내밀었다. 오빠 등에 업혀 가는데 '집'이란 단어에 안심을 느꼈는지 감실감실 눈이 감겼다.

이후 나는 한 달 가까이 누워 지냈다. 엄마가 뭐라도 먹이면 바로 토해 버리고 기진해 죽은 듯이 잠만 잤다고 한다. 병원은 갈 엄두도 못 냈다. 군부대가 많은 동네이니 부대 의무대에 사정사정해서 무슨 약인지도 모르는 주사를 엉덩이에 맞고 몽롱한 정신으로 집에 오기도 했다. 오롯이 엄마 손을 잡고 걷는 길이었기에 주사 맞은 자리가 아픈지도 몰랐다.

살면서 힘든 날을 만나면 나도 모르게 '집에 가고 싶다'란 말을 한숨처럼 내뱉는다. 그럴 때 머릿속에 떠오르는 풍경은 오빠 등에 업혀 집으로 가던 그날이다. 초가을 햇볕과 신작로 먼지 냄새, 한 번씩 업은 나를 추킬 때마다 걱정과 귀찮음이 섞여 들썩이던 오빠 등이 생각난다. 어쩌면 달리기 연습을 안 해도 될 것 같은 예감에 살짝 웃었던 것도 같다. 그러고 보면 '집에 가고 싶다'라는 말은 하고 싶지 않은 일을 억지로라도 해야 할 때 마음이 걸어오는 말인지도 모르겠다.

'집'이란 단어는 '엄마'와 동의어가 아닐까 싶다. 사는 것이 고달프고 힘겨울 때 "아, 엄마 보고 싶다."란 말이 자연스럽게 나온다. 이때, 보고 싶은 엄마는 시골집에 계시는 구십이 훨씬 넘은 지금의 엄마이기도 하지만, 그보다는 지난 세월 속 나를 위해 무엇이든 해주던 젊은 엄마일 수도 있다. 아니면 내 마음속에만 있는 내가 만들어 놓은 엄마의 상像일지도 모른다.

엄마를 붙들고 어쩌다 내 힘든 얘기 좀 토로할라치면 귀가 어두워 엉뚱한 대답만 한다. 엄마를 마주하고 있으면서 마음속 어디쯤 있는 엄마한테 말한다.

"엄마 보고 싶다."

엄마가 앞에 있는데 엄마가 보고 싶은 것처럼 때때로 집에 있는

데도 집에 가고 싶을 때가 있다. 고민이나 스트레스가 개운하게 해결되지 않아 머릿속이 복잡할 때, 아무것도 하고 싶지 않은데 해야 할 일이 눈에 보일 때, 집에서 이미 아무것도 안 하고 있지만 그 어떤 생각조차도 하고 싶지 않을 때 집에 가고 싶어진다.

다른 사람들도 그럴 때가 있을까 궁금해서 포털 사이트를 뒤지다가 '집에 가고 싶다 증후군'이라는 재미있는 정보를 알게 됐다. 삶에 지친 현대인들 95%가 가진 신흥 증후군이며 그 증세와 자가 진단 방법까지 나와 있었다. 물론 실제 의학적 질병이 아니라 가상의 병이다. 주로 직장인들에게 많이 나타나는 이 증후군은 강력한 귀소본능을 느끼며 집중력 및 활동력이 저하되고 심한 경우 집에 있을 때도 환상통을 겪는단다. 그 환상통이란 것이 집에 있는데도 집에 가고 싶은 현상이다.

'집에 있는데도 집에 가고 싶다는 의미'라는 게시물과 거기에 달린 댓글들을 보니 벼룻길을 걷다 동지들을 만난 듯 입가에 웃음이 걸쳐졌다.

- 난 마음이 불안할 때 집에 있는데도 집에 가고 싶다 중얼거림.
- 누워 있어도 뭔가 압박감이 있을 때.

- 지금 있는 이곳이 내 인생 같지 않을 때 집에 가고 싶다고 중얼거리더라.

- 학교 가기 전에 미리 집에 가고 싶음을 느낌. 아직 안 나갔는데 벌써 집에 가고 싶어. ㅠㅠㅠ

- 난 퇴근하면서…. 그냥 몸이든 마음이든 너무 피곤하면 집에 가고 있는데도 집 가고 싶다 그럼. ㅠㅠㅠ

집에 와서 쉬고 싶은데 이런저런 잡다하게 쌓인 집안일이 눈에 보일 때와, 무엇보다도 마음이 불편하고 불안할 때 나도 모르게 집에 가고 싶다는 댓글이 많았다. 투우 경기장에서 투우사와 마지막 결전을 앞둔 소가 잠시 쉬는 곳을 '케렌시아'라고 한다. 피난처, 안식처를 의미하는데 최근에는 바쁜 일상에 지친 현대인들이 나만의 휴식처를 찾는 현상으로도 해석하는 단어다. 몸은 물론이고 마음까지도 충분히 비우고 휴식을 취할 수 있는 '케렌시아'를 원하는 마음이 집에 있어도 집에 가고 싶은 환상통을 만들어 내는 모양이다.

그래서 나는 집에 가고 싶을 때마다 어린 시절 철봉에서 떨어진 날 오빠 등에 업혀 집으로 가던 일이 떠오르나 보다. 근 한 달여를 정신 놓고 잠만 잔 것처럼 아무것에도 얽매이지 않은 어떤 경계

새빨간 현생 97

에서 오롯이 내 안으로 침잠하는 시간이 휴식처럼 필요하다는 것을 무의식이 알려주는 것이었나 보다. 그 기억이 마음속 피난처인 안전한 '케렌시아'였나 보다.

힘들고 고단할 때 머물 수 있는 마음속 집 하나는 있어야 95%의 증후군 무리에서 5%로 잠깐이라도 건너가지 않을까. 그것이 사나운 시대를 견디며 살아내는 숨구멍일지도 모르겠다.

면수

비빔 막국수에 딸려 나오는 거라고 해봐야 차가운 냉면 육수가 대부분인데 그 집은 정말 옛날처럼 따끈따끈한 면수麵水가 주전자에 담겨 나왔다. 지난밤 술떡이 됐던 남편 얼굴에 화색이 돌았다. 집안일로 시골에 다녀오는 길이었다. 국도변 막국수 집에 마주 앉긴 했지만, 불퉁한 심사에 말 한마디 건네고 싶지 않았다. 서로 뜨악한 얼굴로 시선을 엇갈려 놓다가 면수 주전자에 손이 포개졌다. 화들짝 놀라 내가 먼저 쓱 손을 뺐다. 남편은 컵에 면수를 따르더니 간장병과 함께 슬쩍 밀었다.

신작로엔 낮부터 내린 송이눈이 차곡차곡 쌓였다. 땅 위의 모든 것은 경계를 잃었다. 이따금 군인 차가 지나가면서 눌러놓은 바퀴 자국을 이정표 삼아 걸었다. 아직 군데군데 남아 있는 눈구름

새빨간 현생 99

사이로 초승달이 드나들었다. 차바퀴 자국을 벗어날 때마다 눈은 푹푹 운동화 속으로 침투했다. 하필 이런 날 무슨 국수를 먹겠다고 남의 동네까지 걸어가는지 모를 일이었다.

"캬하, 좋다! 막국수 먹기 딱 좋은 날이네. 연애하기도 딱 좋은 밤이고, 흐~."

일행 중 누군가 말끝에 므흣한 웃음을 달았다. 요샛말로 썸 타고 있던 나는 괜히 뜨끔했다.

스무서너 살 무렵, 화천의 어느 겨울밤이었다. 막국수 먹으러 간다는 직장 동료들을 따라나섰다. 옆 동네 어느 집에 분틀이 있는데 겨울에만 이따금 막국수를 직접 내려 판다고 했다. 일종의 예약제로 미리 연통을 넣어놔서 눈길이든 빗길이든 가야 한단다.

나는 본디 국수를 좋아하지 않는다. 특히 소면은 가루 날내가 느껴져 먹는 속도가 더디고 그 속도에 맞춰 면이 점점 불어나는 통에 곤혹스럽다. 그런데도 길을 따라나선 건 메밀 면이라고 하니 밀 면과는 뭔가 다른 맛이 있을 거라는 기대와 그리고 그 남자가 있어서였다.

눈길을 걸어 꽁꽁 얼 대로 언 일행은 뜨끈한 아랫목을 차지하느라 분주했다. 부엌은 보기만 해도 왠지 따뜻해지는 뽀얀 김으로 가득했다. 색다른 음식을 만들 때의 기대감과 설렘, 홍성거림이

100 주황색 거짓말

고스란히 전해졌다.

주인이 온몸의 무게로 분틀 손잡이를 누른다. 힘겹게 분틀을 빠져나온 국수 가닥은 곧바로 가마솥의 끓는 물에 떨어진다. 가 닥가닥 서로를 간섭하지 않을 만큼 잘 삶아야 한다. 이윽고 열탕 을 벗어나지만, 곧장 찬물행이다. 소쿠리에 담아 물기를 뺀 다음 한 주먹 대충 뚤뚤 말아 국 대접에 담는다. 문밖에만 둬도 살얼음 이 잡히는 동치미 국물을 낙낙하게 붓는다. 아무 고명도 없이 단 출하다. 이제 맛을 볼 차례다. 얼어붙은 파로호가 쩡쩡 우는 소리 를 내는 차디찬 밤에 쩔쩔 끓는 아랫목에서 속이 덜덜 떨리는 동 치미 막국수를 먹는 맛은 먹어본 사람만 안다는 일행의 너스레에 나도 한 대접 받아 들었다.

뭐지? 이 맛은? 한 젓가락 먹고 나서 든 의문이었다. 걸어온 눈 길과 일행의 도리깨침과 부엌의 훈기와 소란함, 이가 딱딱 부딪 칠 정도로 차가운 동치미 국물을 조합하면 당연히 세상 일미 중 일미여야 했다. 하지만 내 입엔 맛있지도 맛없지도 않은 그야말 로 '니 맛도 내 맛도' 아닌 맛이었다. 짭짤하기만 한 동치미에 툭 툭 끊어지는 면발에, 이게 도대체 이 고생을 하며 와서 먹을 맛인 가 싶었다. 요즘 말로 하면 재료 본연의 맛이라고 할 수도 있겠지

만 그때나 지금이나 내 미각은 그리 발달하지 못했다. 억지로라
도 맛에 대한 호감을 표현하려 얼굴을 드니 남자가 면수를 건네
며 내 그릇의 국수를 건져 갔다. 메밀 면을 삶은 물이라는데 간장
이 살짝 들어간 면수는 구뜰하고 뜨끈했다. 그 남자의 눈빛도 뜨
끈했다. 돌아오는 길에 우리는 사람들 틈에 묻혀 걷다가 슬쩍슬
쩍 손등을 부딪쳤다. 탐색전을 끝내고 마음을 열겠다는 신호였을
까. 막국수는 '니 맛도 내 맛도' 아니었지만, 그 남자는 내 남자가
되었다.

부부란 한날한시에 같이 어른이 되어 이제껏 없었던 하나의 세
계를 만들어 가는 관계다. 우리만의 특별한 세계를 만들 꿈에 단
칸방에서 시작하는 신혼도 괜찮았다. 없이 시작해서 하나씩 살림
늘려가는 재미만한 것도 없다는 어른들 말에 귀가 팔랑거렸다.
사랑이란 마주 보는 것이 아니라 나란히 서서 같은 곳을 바라보
는 것이라는 세간에 떠도는 말은 황홀했다. 그와 함께라면 동치
미 국물조차 없는 막국수라도 꿀맛으로 먹을 수 있을 것 같았다.

언제부턴가 막국수 앞에 춘천이 붙었다. 막국수가 뭐 그리 맛있
다고 춘천 대표 음식이 됐는지 아리송했다. 그 지역 음식점 거리

에는 막국수 간판이 넘쳐났지만 눈길조차 주지 않았다.

다시 막국수를 마주하게 된 건 어느 해 여름, 친정 식구들과 막국수 맛집이란 곳을 가서였다. 다른 음식을 먹을까 하는데 누군가 묻지도 않고 막국수로 통일했다. 맛집 음식이라는데 입매시늉만 하다 남길 수는 없는 일. 누구한테 덜어줄까 살피고 있는데 기분 좋은 참기름 꼬순내를 달고 막국수가 나왔다. 전에 먹어본 그것과는 사뭇 달랐다. 투박한 메밀국수 사리가 보기만 해도 콧등에 땀이 배는 새빨간 양념장과 소복한 김 가루, 그리고 쏟아부은 듯한 깨소금을 이고 "놀랐어?" 하고 묻는 듯했다. 마치 어린 시절 코찔찔이 친구가 성공한 모습으로 당당하게 악수를 청하는 것 같았다. 일단 시각과 후각은 합격이었다. 의아한 것은 분명 비빔인데 거기에 육수를 반쯤 부어 비비는 것이다. 비빔냉면과 물냉면을 반반씩 주는 것과 짬짜면은 봤어도 한 그릇에 비빔장과 육수를 같이 넣어 비비다니. 특이한 조합에 호기심이 발동했다. 특히 기호에 따라 설탕을 넣어 먹는 것도 구미를 당겼다. 매콤, 달콤, 구수, 고소한 맛이 어우러진 막국수를 눈물 콧물 쏙 빼가며 달게 먹었다. 입 속 통각을 달래줄 그 옛날 그 따뜻하고 구수한 면수가 생각났지만 아쉬운 대로 차가운 육수로 대신했다.

고만고만한 세계 중 먼저 튀어 올라 고층 어디쯤에서 내려다보는 이웃이 생겼다. 나는 우듬지가 궁금했다. 맵짜고 자극적인 성공을 원했다. 미약한 내 능력이나마 보태겠다고 아등바등했다. 애쓸수록 발치가 꺼지는 날이 길게 반복됐다. 남편을 바라보는 눈길에 기대치를 잔뜩 얹었다.

그는 단순한 사람이다. 눈이 푹푹 내리는 날에도, 태풍이 부는 날에도 새벽 4시면 출근하는 사람이다. 일이 많을 때는 밤 11시, 12시를 훌쩍 넘기고 집에 오기도 했다. 공장 단지 사람들은 처음에 다들 그가 그 업체 사장인 줄 알았단다. 사장보다 더 사장처럼 일하는 사람이다. 앞뒤 잴 줄도 모르고 오로지 눈앞에 있는 일만 하는 사람이다. "전생에 거기 사장님을 너무 부려먹어서 이생에서 갚는 거야, 뭐야. 잇속 좀 챙겨가면서 적당히 해." 남의 일이라는 게 아무리 열심히 해야 늘 제자리걸음 아니던가. 도약할 줄 모르는 그가 답답하고 야속했다. 기대치가 사라진 눈길이 언틀면틀 자갈길이 되면서 가시 돋친 말과 날 선 감정들이 오갔다. 아이들 눈치 보느라 채 표출하지 못한 불만은 층층이 가슴에 쌓여 울퉁불퉁 층리를 만들었다. 가족 간 서로 편안하고 적당한 거리가 30cm라 하는데 우듬지가 먼 생활에 지쳐가면서 나는 그 간격 안으로 들어가면 참을 수 없이 불편했다.

그가 건넨 면수에 간장을 살짝 쳐서 마셨다. 구수하고 뜨끈하다. 집에 밥이 끓는지 죽이 끓는지도 모르면서 지난밤 형제들 앞에서 허세 가득한 뻘소리를 열정적으로 해대는 남편 덕에 뒤집힌 내 복장이 위치를 잡아가는 듯하다. 아직 술독 속에 정신을 남겨둔 남편은 연신 "으아-" 속 풀리는 소리를 해댔다. 시끄럽다고 한마디 하려고 그를 쏘아봤다. 오랜만에 정면으로 바라본 얼굴에 느닷없이 생각들이 몰려왔다.

그러고 보니 남편은 면수 같은 사람인 듯하다. 딱 간장만 넣어야 맛이 나는 사람인데 거기에 나는 메밀 사리도 없이 새빨간 양념을 올려라, 김 가루를 뿌려라, 참기름을 부어라, 은연중 압박을 가했던 모양이다. 그럴 때마다 그는 자기가 할 줄 아는 간장만 자꾸 들이부어 그사이 저리 주름이 깊어졌나 싶어 별안간 짠한 생각이 들었다. 찌글찌글 찌든 얼굴이 모처럼 간이 맞는 면수를 마시며 환해졌다.

나는 문득 생각났다는 듯 그 옛날 그와 걷던 눈 쌓인 밤길 얘기를 꺼냈다. 그가 의자를 바짝 당겼다.

3부

하얀 눈물

꽃이 문을 꽝 닫고

엄마의 안 박사

무브 투 헤븐

아버지 쉰에 나를 낳으시고

웬일일까 당당당당

회다지 소리

그녀의 타인

꽃이 문을 꽝 닫고

꽃이 문을 꽝 닫고 떠나 버린* 것처럼 그녀의 문이 꽝 닫혔다. 이우는 꽃처럼 하나둘 그녀의 문이 지고 있다는 걸 알았지만 쪽 문까지 끝내 닫히리라고는 애써 생각하지 않았다.

들고 나는 문을 많이 가진 내 오랜 지인, J가 떠났다. 구도심의 오래된 역사와 사람 냄새를 좋아했던 그녀다. 10여 년 투병 중에도 무시로 전화를 받는 자살예방상담을 5년이나 했고 '50년을 돌아온 사람의 길'이란 문구를 걸고 도시재생 관련한 센터도 운영했다. 활발한 지역 활동 중에 언제부터인가 타로점으로 개인 방송을 시작하더니 구독자들에게 불땀 좋은 아궁이 같은 위로를 건네고 긍정의 기운을 마구 전파했다. 저 많은 소통의 문을 다 닫고 금방 떠나지는 않겠구나, 방심하고 있었다. 그녀가 문을 다 닫아걸고 떠난 후에 나는 문에 대해 골똘했다.

하얀 눈물 109

"삐이걱-."

복자네 대문 열리는 소리가 선생님 풍금 소리보다 더 귀에 감긴
다. 며칠 동안 데면데면하던 복자 마음도 열린 듯하다. 읽다 만 만
화책이 눈에 밟혔던 터라 대청마루를 한달음에 올라 안방으로 들
어간다. 그동안 마음고생한 것도 잊고 나는 금세 헤헤 웃으며 복
자 옆에 배를 깔고 엎드린다. 얼마 전에는 금자네 대문이 입을 맞
대고 열리지 않아 나를 안달 나게 했다. 여자아이 너덧 명은 다붓
다붓 모여 놀다가도 한 번씩 누군가를 따돌리고는 그 아이에게만
대문을 딱 걸어 잠그곤 했다.

친구들 집은 대부분 대문이 있었다. "복자야~ 놀자~." 소리 한
번 지르고 안으로 쓱 밀면 삐이걱, 나무가 웃는 소리를 내며 열
리는 문이다. 그렇게 두 손으로 활짝 대문을 밀고 들어갈 때면 왠
지 어깨가 으쓱 올라가고 문턱을 넘는 다리는 고무줄놀이 하듯
가뿟했다. 하지만 빗장을 걸고 못 들어오게 하는 날이면 나도 내
마음을 꽁하니 닫아걸고 집으로 돌아와 애먼 양철 사립문에 눈을
흘겼다. 닫아걸 대문이 없는 나는 누구도 따돌리지 못했다.

대문은 집을 닮는다. 반들반들 윤이 나는 대청마루가 있는 ㄷ자
형 친구들 집은 그에 맞는 반듯한 양 문 대문이 있었다. 거기에 반
해 길가에 면한 우리 집은 허름한 ㄴ자형이었다. ㄴ자 꼬리에 붙

110 주황색 거짓말

은 홀 짝 양철 문은 따돌림당한 아이처럼 한쪽 어깨가 꺼진 채 시무룩하게 서 있었다. 빗장이라고 해봐야 밤이 이슥해지면 양철 문을 닫고 안쪽에서 지게 작대기를 괴어놓는 것이 고작이었다. 양손으로 확 밀고 들어가는 번듯한 대문이 탐났다.

어른이 되어서도 견고하고 각진 문 하나 갖기가 쉽지 않았다. 아니, 문에 대한 개념이 사뭇 달라진 것이 맞겠다. 어른이 된 후 내가 갖고 싶은 문은 그 옛날 복자네 집처럼 손님을 배려하는 구조인 밖에서 밀어젖히는 문이 아니라 주인에게 전권이 있는 요즘 현관문이다. 잠금장치를 풀고 문을 열 때 주인이 안에서 밖을 향해 밀어줘야 하는 문. 행여 밖에서 확 잡아당기지 못하게 걸쇠를 이중으로 걸어 우선 한 뼘 공간으로 밖을 살필 수 있는 문. 밖으로 밀어주기 전에는 한 발짝도 들여놓지 못하는 문. 열릴 때 손님은 한 발 물러서야 하는 문. 철옹성처럼 단단하고 굳건해서 집의 가격을 단박에 알아채는 그런 문을 향해 애면글면했다.

사람에게도 문이 있다는 걸 J를 통해 알았다. 오래된 골목의 닳고 낡은 문에 담긴 내력과 가치를 읽어내는 그녀였다. 지역과 사람을 좋아했던 그녀는 어느 해인가 발품 팔고 말품 팔아 본인에게는 아무 소득도 없는 주말농장 부지를 얻어 이웃들에게 분양하

하얀 눈물 111

기도 했다. 푸릇하게 작물이 올라올 때 물뿌리개 가득 물을 담아 뿌리며 싱그럽게 웃던 모습이 문득 떠오른다. 건강가정지원센터는 또 무엇을 하는 곳인지, 그녀의 여러 명함이 궁금해 그 문을 열어보고자 했다가 다른 일이 생겨 다음으로 미룬 것이 영영 이별이 되었다.

J의 근원은 타인에 대한, 약자에 대한 애민이었다. 누구라도, 아무 때라도 밖에서 밀고 들어갈 수 있는 그녀의 문이 그 증거였다. 그랬기에 J의 문에는 빗장도, 비밀번호도 없었다.

그에 비해 내가 가진 문은 어떠한가. 세상으로 나가는 문 앞에서는 생각하고 망설이고 주저하다 겨우 밀고 나가기 일쑤다. 나를 열고 들어오는 타인에 대해서는 이리저리 재고 고민하다 비좁은 문 하나 간신히 만들 정도로 소극적이다. 그뿐만 아니라 옹색한 그 문에는 비밀번호까지 단단히 걸어놓았다. 그녀의 닫힌 문 앞에 서니 비로소 알겠다. 어떤 생애는 등불 환하게 내다 건 문으로 살았다는 것을. 인적 없는 밤길을 홀로 헤매는 누군가에게는 그 문이 불빛이었다는 것을.

생활에 쫓기며 사는 내게 J는 어떤 날 헌책방 한번 해보지 않겠냐고 물었다. 잠깐 이상적이고 꿈같은 서점 주인이 되는 상상을 하다 이내 토를 달았다.

"언니! 돈 되는 일을 말해줘. 난 아직 돈 벌어야 한다고."

이제 막 등단한 내게 지역 사람들을 모아 글쓰기 강좌를 하자고도 했다. 어쩌면 내가 하고 싶었던 일인 것처럼 또 잠깐 눈앞이 환해졌다. 하지만 "흐익- 무슨 소리야? 이제 겨우 걸음마 뗀 내가 누구를 가르쳐? 이담에 책 한 권 낼 정도 되면 그때 생각해 볼게." 하고는 물렸다. 도시재생 관련한 '마을활동가' 해볼 생각 없냐고 물었던 날도 있었다. 낯선 단어에 그게 뭐냐고 한 번쯤 물어보기라도 할 걸. 단박에 거절의 답만 날린 문자를 생각하니 얼굴이 화끈 달아오른다. 언젠가 여유가 되면 그때 하자는 말에 그녀가 대답했다. "그때가 지금이야. 네가 하고 싶은 일 하면서 살아."라고.

현실과 이상의 간격처럼 턱도 없는 J의 제안이 부담스러워 조금 곁을 둘 때도 그녀의 문은 열려 있었다. 그래서인지 때때로 J의 말을 되새김질했다. 생업을 접어도 되는 날엔 꼭 찾아가겠다고 생각했다. 그동안 시민 활동가로서의 활약상도 청해 듣고 내가 할 만한 일을 상담하리라 머릿속에 그리고 있었다. 하지만 마음에 담아둔 시간이 너무 길었다. 이타심과 이기심의 간극을 메우지 못한 채 그렇게 그녀를 보내고 말았다.

J의 SNS에 부음이 올라왔다. 그녀로부터 많은 위로와 격려를 받았다는 댓글이 줄을 이었다. 내가 네모반듯한 현관문을 향해 앞만 보는 동안 J의 문턱 없는 대문으로 바람이 드나들었고 품 넓은 마당엔 햇살이 거닐었다. 구석구석 햇볕 냄새를 잊지 못하는 사람들이 닫힌 문을 향해 애통해했다. 안 해도 될 일이지만 누군가는 해야 하는 일. 아픈 중에도 기꺼이 그 누군가가 되어준 그녀는 지금 어디쯤 가고 있을까. 잘 가고 있을까. 닫혀버린 문을 뒤돌아보느라 걸음을 지체하는 건 아닐까. 아니, 재능과 생명을 아낌없이 소진하고 가는 길이니 또 다른 할 일을 찾아 선걸음으로 갈 것이다. 이곳에 남은 일은 또 누군가 이어서 할 것이라 J는 믿고 갈 것이다. 문이 쾅 닫히고 나서야 문 안의 그녀가 궁금해 며칠을 문 앞에서 서성이고 있다.

SNS 소개 글에 J는 이렇게 적어놨다.

'하고 싶은 일을 하면 참 재미지다.'

*조영민 시 「목련꽃」에서 차용

엄마의 안 박사

꽤 오래전 언니가 마산에서 자그마한 슈퍼마켓을 운영할 때의 일이다. 한번은 엄마가 다니러 왔다. 바쁜 언니를 대신해 엄마가 잠시 계산대에 앉아 있었다. 한 젊은 총각이 음료수 냉장고를 이리저리 보며 계속 뭔가를 찾더니 엄마에게 물었다.

"여기 암바사 없어요?"

사이다, 콜라도 아니고 그게 뭔가 싶었던 엄마가 계산대에서 일어나 일단 냉장고로 갔다.

"그기 뭐고? 우째 생겼는데?"

"사이다에 그 우유 섞은 거처럼 생긴 거 있잖아요."

한참을 찾아도 뭘 말하는지 알 수가 없던 엄마가 한마디 했다.

"안 박산가, 김 박산가 어디 콕 박혀 있는지 나는 모르겠다."

총각은 엄마의 말에 한바탕 웃고는 냉장고 한쪽에 있던 암바사

하얀 눈물 115

를 찾아 갔다. 언니가 오자 엄마는 그 일을 얘기했고 이후 형제들
이 모일 때마다 단골 이야깃거리로 떠올랐다. 우리는 '안 박산가,
김 박산가'에만 집중해 말하고 엄마의 유머 감각에 감탄하며 두
고두고 웃었다.

나의 꿈 / 이분녀

어릴 적 나의 꿈은
남의집살이 안 하고
배불리 밥 먹는것이였네

젊은 때 나의 꿈은
새벽부터 일어나 밭일하며
자식새끼 배불리 밥 먹이고
학교 내 힘으로 보내는 것이였다

지금의 내 꿈은
삐뚤거리는 글씨로
죽은 남편 묘 위에

'고맙다'는 글 한번 써서

그리운 남편 옆에서 잠드는 것이라네

 SNS를 통해 『엄마의 꽃시』라는 시집을 알게 되었다. 평생을 까막눈으로 살다 뒤늦게 한글을 배운 어머니들이 쓴 시 100편에 김용택 시인이 글을 보탠 시집이다. 얼핏얼핏 시집 소개부터 제목, 책 표지 결정까지 지켜본 터라 책이 나오자마자 두말할 것도 없이 얼른 주문했다.

 글을 몰라서 겪은 서럽고 아픈 사연부터, 배우고 돌아서기 무섭게 까맣게 잊어버려 애태우는 사연, 글을 알고 나서 만난 새로운 세상 이야기들이 생생한 시어로 펄떡거렸다. 복잡한 은유를 찾아야 하는 것도, 알아채지 못한 시인의 의도를 파악해야 하는 것도 아닌데 나는 그 단순하고 명료한 언어를 천천히 아껴가면서 읽었다. 한 편 한 편 오래오래 들여다보았다. 쉽고 짧은 글 속에 어떻게 엄마들의 생애가 오롯이 들어갈 수 있는지 한 편 읽을 때마다 책을 가만히 끌어안았다.

 그리고 문득 '엄마의 안 박사' 생각이 났다. 엄마도 글을 모른다. 휴대폰에 저장해 준 자식들 이름과 숫자 정도만 안다. 아니, 안다기보다는 구분하는 것이다. 다른 사람의 말을 잘못 알아듣고

하얀 눈물 117

엉뚱하게 얘기해 웃음을 주는 일이야 흔한 일이지만 이제 와 생각하니 그때 슈퍼에서 엄마는 글을 모른다는 걸 감추려고 더 우스갯소리처럼 말했는지도 모르겠다. 그땐 지금보다 아주 젊었을 때니까. 그때라도 눈치채고 엄마에게 글을 가르쳐 드렸더라면 어땠을까. 그러나 그때는 나도 엄마를 떠나와서 다른 지방에서 살 때였다.

부녀회장의 꿈 / 서선옥

글을 몰라
부녀회장을 못 나갔습니다
아직도
부녀회장의 꿈을 키워나갑니다
내년에
더욱더 공부 열심히 해서
부녀회장이 될 것입니다

시집 마지막쯤에 있는 이 시를 읽을 때 가슴속에서 툭, 끈 하나가 끊어지는 소리가 났다. 엄마가 말하는 거 같았다. 평소 활동적이고 어디서나 입바른 소리 잘하는 엄마는 동네 부녀회장 선출할 때마다 단골 후보였다. 엄마는 글을 몰라 못 한다는 것을 절대 말하지 않았다. 나서는 일은 싫고 그냥 부녀회 일 열심히 하면 되지 않겠냐고 완곡하게 물리곤 했다. 그런 날이면 저녁밥을 짓다 말고 아궁이 위의 까만 그을음에 부지깽이로 무언가를 끄적이며 혼잣말을 했다.

"내가 글만 알면 부녀회장 그까짓 거 못 할까 봐! 어디 가서 한가락 하고도 남지."

아마 내가 중학생쯤 되지 않았을까 싶던 그때 처음으로 조심스럽게 말했다.

"엄마, 내가 한글 가르쳐 줄까?"

엄마는 단박에 거절했다.

"됐다. 너는 니 공부나 열심히 해라. 느그 아부지한테도 배울라 하다 못 배웠는데 자식한테 우찌 배워?" 엄마가 마음 다쳤을까 싶어서 그 뒤로 다시는 글 얘기를 하지 못했다. 그렇게 세월은 속절없이 갔다. 엄마는 아흔 살 고개에 올라섰다.

"아고, 참 오래도 살았다. 느그 키우느라 산으로 들로 뛰어다닐 때는 그리도 안 가던 세월이 언제 이만치 지났나 모르겠다. 내가 갔어도 벌써 갔을 나이인데…"

하얀 눈물 119

지난봄, 고로쇠 나뭇잎이 팔랑대는 친정집 뜨락 돌계단에 앉아 엄마가 한 말이 자꾸 마음에서 메아리친다. 많이 늦었지만 아주 늦기 전에 이제라도 『엄마의 꽃시』들을 하나하나 읽어드리면 엄마 마음에도 '꽃시'가 심어지지 않을까. 그래서 언젠가는 엄마의 안 박사, 김 박사들이 시꽃으로 피지 않을까, 가만히 상상하는 밤이다.

무브 투 헤븐

"김선우 님 2020년 4월 11일 사망하셨습니다. 저희는 '무브 투 헤븐'의 한정우, 한그루입니다. 지금부터 김선우 님의 마지막 이사를 시작하겠습니다."

유품정리사 한정우, 한그루 부자가 모자를 벗는다. 잠시 묵념을 한 후 정중하고 담담한 목소리로 인사를 한다. 한 비정규직 청년이 고독사한 고시원 방이 배경이다. 가방 속 컵라면, 차곡차곡 정리해 둔 편의점 영수증, 생을 놓을 때 같이 놓쳐버린 살점 같은 휴대폰, 그리고 소액의 금액이 차곡차곡 찍힌 통장이 무심히 화면에 흐른다. 몇 가지 유품이 노란 상자에 담긴다. 유족에게 전해질 것이다. 청소를 시작한다. 피고름에 얼룩진 이불을 말아 비닐봉지에 넣고, 침대 매트리스와 프레임을 분리한다. 청년의 흔적은 검은색 비닐봉지 몇 개에 담겨 폐기물 차에 실리고 이윽고 방은

하얀 눈물 121

텅- 빈다. 드라마 「무브 투 헤븐」의 장면들이다. '무브 투 헤븐'은
유품정리업체이다. 의역하자면 '천국으로의 마지막 이사'를 돕는
업체라고 할까. 우연히 OTT 플랫폼을 뒤적이다 '나는 유품정리
사입니다'란 소제목에 끌려 드라마를 보게 됐다. '유품정리사'란
신종 직업이 있다는 것은 기사를 통해 알고 있었는데 드라마 소
재로 등장한다니 호기심이 앞섰다.

드라마는 유품정리사의 눈을 통해 비정규직 청년, 방치된 치매
노인, 스토킹 피해자, 빈곤 노인 부부의 자살 등 사회적 약자들의
외롭고 억울한 죽음과 그 뒷모습을 전했다. 고독사와 사고사, 혹
은 자살로 생을 마감한 이들이 남긴 몇 가지 유품을 통해 삶의 의
미를 짚어주고, 미처 전하지 못한 메시지를 읽어내는 과정을 담
았다. 보는 내내 심장 근처가 저릿하게 아픈데 그 위에 온열 매트
를 올려놓은 듯 따뜻하기도 했다.

단순한 호기심으로 시청하게 됐지만, 회를 거듭할수록 멀리 있
는 남의 불행으로만 바라봤던 고독사 문제가 내 안으로 깊이 들
어왔다.

고독사라 하면 주로 노년층일 거로 생각했는데 청년층의 추세
가 가파르단다. 임종 당시 누구의 보살핌도 받지 못하고 방치된

경우를 고독사라 한다. 우리나라 유품정리업체는 일본에 이어 2008년 전후 등장하기 시작했다. 초창기에는 고인이 사망한 장소에 남겨진 오염물 특수청소와 폐기물 처리가 주된 업무였지만 고독사가 늘어나면서 유품정리 전문 업체도 많이 생겼다고 한다. 장례 절차와 별개로 뒷정리가 필요한 죽음이 많다는 뜻이다.

생의 마지막, 별뉘조차 없이 홀로 숨을 거두는 사람들. 한 생애가 끝났는데도 전혀 눈치채지 못하는 세상. 부패로 인한 악취가 코를 찌를 때까지 굳게 닫힌 방문은 열리지 않는다. 겨울에 사망했는데 날이 풀리는 봄이나 더 늦으면 여름이 돼서야 발견되는 예도 있다고 한다.

한 생애의 끝은 시신이 제자리를 벗어나 어딘가에 안착될 때까지가 아닐까. 자력이 사라진 자리, 타인의 도움만이 유일한 길인데 그 길에 인기척조차 없을 때 냄새는 사력을 다해 틈을 빠져나가는지도 모르겠다. 누구라도 눈치채 달라고, 그가 세상에 살았었음을 잠시나마 기억해 달라고, 그리고 조닐로 이제 그 끝을 지워달라고 몰칵몰칵 신호를 보내는 것이리라.

아파트 관리소에서 일할 때였다. 출근해서 보니 단지 마당에 번쩍이는 경광등을 매단 경찰차 몇 대와 119구급차가 보였다.

하얀 눈물 123

CCTV 확인 후 해당 층으로 올라갔다. 매캐한 번개탄 냄새에 심장이 먼저 반응했다. 한눈에도 심상치 않은 상황이 느껴졌다. 누군가 안절부절못하며 현관문 밖을 서성거리기에 조심스레 물었다.

"난 친군데, 오늘 병원 가기로 했거든요. 9시까지 와달라고 해서 왔는데…. 이 친구 몸이 많이 아팠어요. 병원 치료 다 거부하고 있어서 안타까웠는데 갑자기 병원에 간다니 얼마나 반갑던지. 근데 와보니… 갔어요. 혼자…. 이래서 와달라고 했나 봅니다. 수습해 달라고."

말을 듣고 나니 기억이 났다. 관리소에 몇 번 다녀갔던 주민이었다. 집 명의를 친척 누군가한테 넘긴다며 어딘가에 서류를 보내느라 팩스 사용을 했었다. 너무 야윈 모습에 염려스러운 내 눈빛을 읽었는지 그는 밝은 표정으로 몇 번이나 고맙다고 인사했다. 본디도 풍채가 좋은 건 아니었지만 그래도 너무 말랐다고, 암 투병하느라 힘든가 보다, 라고 전부터 봐온 직원이 말했었다. 아내도 자식도 없이 혼자 외롭게 산다고 했다. 주변 정리를 하고 어디 요양병원으로 가려고 하나 짐작했다. 그런데 죽음을 준비하고 있었나 보다. 스스로 생을 마감하려 해가 넘어가기 전 찰나의 붉은 하늘처럼 그 며칠 그리 분주했었나 보다. 마지막 이사를 부탁하려고 친구에게 시간까지 정해 아침에 와주길 요청했었나 보다.

소문나면 아파트값 떨어진다고 쉬쉬하라는 주민들을 뒤로하고 한적한 단지 뒤쪽으로 가 한참을 거닐었다. 스스로 선택한 존엄사일까 생각했다.

"한정우 님 2020년 4월 13일 사망하셨습니다. 저는 고인의 유품을 정리하러 온 '무브 투 헤븐'의 한그루입니다. 이제부터 한정우 님의 마지막 이사를 시작하겠습니다."

드라마 마지막 회의 한 장면이다. 아스퍼거 증후군이 있던 그루는 극 초반 갑작스러운 아빠의 죽음을 받아들이지 못해 오랫동안 유골함과 유품을 제 방에, 제 가슴에 품고 있었다. 우여곡절 끝에 이제 그 혼란을 내려놓고 담담하게 마지막 이사를 알리는 장면이다. 아들은 한층 성장했고 아빠는 온전히 떠날 수 있게 된 것이다.

한 생애가 끝난 뒷모습에 대해 골몰했다. 죽음이란 삶에 중첩되어 점점 죽음 쪽으로 무게가 기우는 것이기도 하지만 무방비 상태에 갑자기 쳐들어올 수도 있다. 생의 변방으로 밀쳐져 더 이상 삶을 지탱하기 힘들 때 스스로 단절을 선택할 수도 있고, 오랜 병고와 빈곤으로 인해 내몰릴 수도 있다. 하지만 어떤 죽음이든 떠난 이의 흔적을 그대로 둘 수는 없는 일. 누군가의 손을 빌릴 수밖에 없는 일이다. 그 손, 누구에게나 부디 늦지 않게 도착하면 좋겠다.

나 아니면 사용하지 않을 물건들, 유품이라 불릴 것들을 찾아 방을 훑어봤다. 늘 올 것이라고 착각하는 많은 내일처럼 책이 빼곡하다. 언젠가 살 빠지면 입을 거라고 고이 모셔둔 옷들은 제 색을 잃은 채 옷장만 부풀리고 있다. 내처 집 안을 살펴보니 오지 않을 수도 있는 언젠가를 위한 물건들이 곳곳에서 자리만 차지하고 있다.

내 마지막 이사를 상상해 본다. 간동하게 줄인 이삿짐과 주변 사람들의 깊고 짧은 배웅이면 그만이겠다. 그리고 곧 모두 제자리로 돌아가기, 산 자도 죽은 자도.

삶은 선택권에 야박했지만 마지막 이사만큼은 그 선택이 존중되어 '무브 투 헤븐'이길 바라본다. 특히 성엣장같이 고독한 생을 산 이의 고독사일수록.

아버지 쉰에 나를 낳으시고

원래도 없는 눈치였지만 그날은 더 유난했다. 세상에 눈치라는 단어가 존재하는지조차 모르는 눈치痴였다. 조금의 농弄도 할 줄 모르는 아버지는 연신 헛기침을 했고 그럴수록 희복은 놀림 수위를 높여갔다.

"아저씨가 희야를 몇 살에 낳은 거야? 오십 살에 낳은 거야? 우와, 오십 살이면 할아버지인데 할아버지가 어떻게 애를 낳지? 희한하네."

"고마 해라. 이늠 자슥아. 니 느그 집에 안 가나? 가라, 빨리!"

아버지 언어의 절반은 헛기침이었다. 기쁠 때나 슬플 때나 화가 날 때나 어험, 으험, 헛기침으로 감정을 표현했다. 여간해선 크게 소리 내어 웃는 법도 없었다. 그런 아버지의 음성이 점점 높아졌다.

나보다 한 살 많은 희복이 오빠는 동네 초입에 살았다. 너울가
지가 좋아 동네 누구도 어려워하지 않았고 이 집 저 집 제 마음대
로 아무 때나 드나들며 온갖 참견을 다 하고 다녔다.

내가 스무 살쯤이었고 추석이었을 것이다. 오랜만에 고향에 온
나를 보러 희복이 불쑥 우리 집으로 들어왔다. 툇마루에 앉아 간
단히 안부를 묻고 나서는 별반 할 말이 없었는지 별안간 아버지
를 종애꿇리기 시작한 것이다.

"아, 맞다. 희야 동생도 둘이나 있잖아. 그럼 막내는 몇 살에…?
허억."

세상 이보다 더 놀라운 일은 없다는 듯 손가락을 꼽아보던 희
복은 눈을 희번덕거리며 표정을 마음껏 과장했다. 아버지는 뭔가
때릴 것을 찾아 두리번거리기 시작했다. 마산에서 온 타지 사람
이지만, 글 좀 아는 깐깐하고 점잖고 경우 바른 사람이라는 마을
평판을 듣는 아버지는 유일하게 제 친구 대하듯 함부로 하는 희
복이 때문에 이따금 모양 빠지는 상황에 맞닥뜨렸다. 나라도 나
서야 할 것 같았다. 어떤 말로 이 상황을 끝낼까 궁리했다.

"야! 니 꼬추 괜찮냐?"

궁하면 통한다고 불현듯 어릴 때 일이 떠올라 다짜고짜 물었다.
희복이 당황했다. 보기 드문 현상이다. 한 살 많아도 늘 오빠라고

부르다 야! 라고 해서일까. 느닷없이 고추 안부를 물어서일까. 아무래도 후자였겠지.

언젠가부터 남자아이들이 하나둘 청바지를 입기 시작했다. 희복도 그중 하나였다. 청바지는 뻣뻣하고 질긴 천 못지않게 지퍼도 거칠었다. 여차하면 솔기를 물어 올라가지도 내려가지도 않는 난감한 상황이 자주 발생했다. 그래도 솔기를 물었다면 아프지는 않지. 팬티도 단벌 신사였던 시절, 그 하나를 빨아 널기라도 했을까. 희복은 맨살에 청바지만 입었고 볼일을 보고 급하게 지퍼를 올리다 그만 고추가 집혀버린 것이다. 동네가 발칵 뒤집혔다. 희복은 아파 죽는다고 울고불고 난리를 쳤고 어른들은 그 집 변소 앞으로 모여들었다. 어른들이 손을 대면 댈수록 희복의 울음소리는 커졌다. 고무줄놀이 하다가 소문을 듣고 죄 몰려간 우리는 이만큼 떨어져서 눈을 질끈 감았다. 어쨌거나 살점이라니 얼마나 아플까 상상했다.

"아이고, 데데하긴. 앞으로는 빤쓰 입고 자꾸(지퍼의 비표준어) 올려, 이놈아."

어찌어찌 살점을 빼낸 어른들이 지청구를 놓았다. 희복은 금세 울음을 그치고 히히 웃었다.

하얀 눈물 129

딴엔 잊고 싶었던 사건이었는지 희복의 얼굴이 붉어졌다. 이제 놀리지 않겠지 흐흠, 헛기침하는 아버지 얼굴에 잠깐 안심이 스쳤다. 하지만 희복은 지퍼에서 해방됐을 때처럼 이내 히히 웃었다. 오히려 잘못 건드린 벌집처럼 더 큰 소리로 앵앵앵앵 떠들기 시작했다.

"우와~ 아저씨 정력 최고야. 쉰 살에 희야를 낳았대요. 그리고 동생도 둘이나 있대요. 얼레리꼴레리."

아버지 얼굴이 사립문에 걸린 노을빛을 닮아갔다. 희복은 엄마한테 등짝을 얻어맞고 쫓겨 가면서도 입을 나불거렸다. 으흠 으흠, 방으로 들어가는 헛기침 소리의 꼬리를 쫓아가며 나는 아버지가 젊어서 나를 낳았다면 상황이 달라졌을까 생각했다. 아버지에겐 고향이지만 내게는 낯설고 말 선 타향이기만 한 마산에서 고단한 야간 고등학생으로 살지 않아도 됐을까. 스무 살 나이에 맞는 대학생이라도 되어 있을까. 다음 날이면 집을 떠나지 않아도 됐을까. 아, 아버지가 젊어서 나를 낳았더라면 가능한 일이었을까. 밤새 뒤척이며 잠을 설쳤다.

"희야, 일어나라. 버스 놓치겠다."

아버지는 벌써 채비를 끝내고 나를 깨웠다. 화천에서 마산까지 가려면 아침 일찍 버스를 타고 춘천터미널로 가야 한다. 그러고는 택시를 타고 춘천역으로 가서 청량리행 기차를 탄다. 청량리에서 전철을 타고 서울역까지 아버지는 나를 바래다줄 것이다. 마산서 올 때도 아버지는 이 코스로 서울역까지 마중 나왔다.

몇 발짝 앞 개찰구까지 내 가방을 들어주며 "잘 가그라." 단 한마디 하고는 아버지는 또 어험 어험, 헛기침만 했다. 돌아서서 아버지를 따라가고 싶은 마음을 꾹꾹 누르며 희복을 향해 중얼거렸다. 아버지가 나를 쉰에 낳은 게 뭐 어떻다고. 이렇게 먼 길 마중 나오고 배웅해 주는 아버지가 우리 아버지 말고 또 있는 줄 아냐고.

아버지가 돌아가시고 나서도 나만 보면 '아저씨 쉰 살에 희야를 낳으시고' 타령을 하던 희복은 그 쉰 살도 채 못 살고 갔다. 돌연한 교통사고였다. 나도 이웃들도 동기간을 잃은 것처럼 슬펐다. 동네 반장까지 되어 날개를 달고 헤픈데픈 맘껏 참견하며 살다가 갔다. 장가도 한 번 못 가보고 늙은 총각으로 살다가 갔다.

이따금 아버지가 그리울 때면 덩달아 희복이 오빠도 생각난다. 혹시나 우리 아버지를 찾아가서 또 놀리고 있지나 않을지. 세상이 변해 지금은 쉰에 아이 낳는 것이, 아니 쉰에라도 아이를 낳아

야 애국자인 것을 아버지는 알고 있을 것이다. 그렇다면 이번에
는 헛기침 대신 유효타 한 방 내놓을지도 모르겠다.

"에레이 이늠 자슥. 꼬추도 지대로 못 써묵고 뭘 벌씨로 왔노?"

웬일일까 당당당당

"하염없는 이 스을프ㅇㅇㅇㅇ음 / 찻잔에 비이 내에리네 / 아름 답던 네 모습 떠나고 어없네 / 두울이서 앉았더어언어어언 / 구석 진 그으 자아리엔 / 안개처럼 뽀오얀 다암배 연기이만"

귓결에 노랫소리가 아득했다가 가까워지는 것을 듣다 깼으니 밤이 꽤 이슥했겠다. 작은오빠와 그 친구들이 건넌방에 또 떼로 몰려온 모양이다. 어디서 막걸리깨나 마셨는지 노랫소리가 우렁 하다. 아버지의 못마땅한 헛기침 소리가 안방에서 새어 나왔다. 문제의 다음 가사가 나올 차례라는 생각에 침이 꼴깍 넘어갔다.

"웬일일까 당당당당 / 웬일일까 당당당당"

이 노래의 절정은 '당당당당' 부분이다. 요즘 들어 저 무리는 '블루진'이라는 혼성 듀엣이 부른 「서글픈 사랑」을 허구한 날 불러댄다. 내가 라디오에서 들어본 「서글픈 사랑」은 애끓는 남자 가수의 목소리와 담백한 여자 가수의 목소리가 어우러져 서글픔 이란 것이 담담한 슬픔 같은 감정이라 느끼게 한 노래였다. 하지 만 저 무리는 무슨 군가 부르듯 씩씩하고 장엄하게 그리고 소란 스럽게 불러젖힌다. 그리고 원곡에도 없는 '당당당당'을 삽입해 무슨 한풀이 하듯 절정을 만들어 낸다.

이불을 폭 뒤집어썼다. 오빠의 기타 소리가 북소리만 해진다. 이윽고 꽹과리 소리가 날 터. 조마조마한 중에도 나도 모르게 노래를 따라 하고 있었다.

오빠 방은 소여물을 끓이는 방이라 우리 집에서 제일 뜨끈뜨끈하다. 그중에서도 가장 뜨끈한 아랫목은 뚜껑이 있는 스테인리스 밥통 차지다. 엄마가 큰맘 먹고 장만한 것이다. "사람이 방위라고 ㅈ도 방위냐." 언젠가 오빠가 술에 취해 누구를 향한 건지 모를 욕설을 한 이후부터 엄마는 더 정성스레 오빠 밥을 아랫목에 앙구어 두었다. '당당당당' 밥통 두드리는 소리가 역시나 꽹과리 소리처럼 요란하다. 누구는 숟가락으로, 누구는 젓가락으로 뚜껑 따로 밥통 따로 쳐대는 소리가 동네 농악대라도 온 듯하다. 밥통의 밥은 다 먹었다는 뜻. 맨밥을 먹었을 리는 없고, 술 마시다 남은 안주라도 싸 왔을까. 누구 주머니를 털어 비릿하면서도 고소

134 주황색 거짓말

한 꽁치 통조림이라도 사 왔을까. 어쩌다 운이 좋으면 내일 아침 저들이 남겨놓은 꽁치 두어 토막으로 엄마는 김치찌개를 할지도 모른다.

"에레이, 이 느무 손들." 아버지가 일어나 방문을 열고 나가려 하자 엄마가 말리는 소리가 났다. "놔라 고마. 동네 사람 다 뛰쳐나오겠다." 아버지는 벌써 마루를 지나 신발을 꿰신었고 마당 한 구석에 세워진 싸리비를 들었다.

"이느무 자슥들. 도깨비도 아니고 광대도 아니고 밤마다 뭐 하는 짓이고. 가라, 퍼뜩. 느그 집으로 마카 다 가!"

건넌방 문을 벌컥 열어젖힌 아버지가 벼락같은 호통을 쳤다. 오빠 친구들은 그대로 후다닥 달아났다. 윗방에서 살그머니 나온 나는 마당에서 안절부절못하는 엄마 뒤에 가만히 섰다. 방문턱을 사이에 두고 둘 사이에 날 선 긴장이 팽팽했다. 아버지가 들고 있는 빗자루가 어디로 향할지 조마조마했다. 행여나 오빠가 아버지한테도 "사람이 방위라고 ㅈ도 방위냐."라고 대들면 어쩌나, 온몸에 소름이 돋았다. 우리 집에서는 동생이 형이나 누나한테 대드는 일은 있을 수 없다. 하물며 부모님께 대든다? 상상도 해본 적 없는 일이다.

장남에다 공부를 잘했던 큰오빠는 집안의 희망이었다. 장남은 고등학교, 둘째는 중학교에 갈 나이가 되자 부모님은 장남의 고등학교 진학을 위해 둘째의 중학교를 포기했다. 온 식구가 허리띠뿐만 아니라 졸라맬 수 있는 건 다 졸라매도 큰오빠 고등학교 학비 대기도 버거운 살림이었다. 학교에 다니지 못하게 된 열네 살 적 작은오빠 마음은 어땠을까. 그 후 큰오빠는 3사관학교를 졸업하고 소위로 임관했고 작은오빠는 국졸 학력 때문에 지금의 사회복무요원 같은 방위로 근무했다. 방위라 하면 현역 군인보다 뭔가 부족하고 모자라다 생각해서 대놓고 하대하던 시절이었다. 오죽하면 'ㅈ도 방위냐'라는 말이 생겼을까. 자존감은 땅에 떨어졌으나 어설픈 자존심이나마 지켜내느라 뒤늦게 찾아온 질풍노도와 같은 격랑을 기타를 두드리고 밥통을 두드리며 노래로 풀었는지도 모르겠다. 엄마를 닮은 오빠의 노래 솜씨는 일품이었다. 기타는 교본을 사서 독학으로 배웠다. 어린 내 귀에 오빠의 기타 실력은 TV에 나오는 통기타 가수와 구별이 되지 않았다. 그전에는 엄마, 아버지 따라 들일도 나가고 했었는데 방위가 되고 나서는 쉬는 날에도 건넌방에서 기타만 끼고 있었다.

"저기 당최 베짱이도 아니고, 한량도 아니고 만날천날 문디 이 앓는 소리나 하고 앉아서 뭣이 될라꼬 저러노."

"고마 놔둬요. 뭣이 만날천날이고 뭣이 이 앓는 소리라 하노. 내 닮아 노래만 잘하구만."

엄마, 아버지는 마당에서 투덕거리면서도 건넌방 앞에 널브러져 있는 오빠 신발을 가지런히 모아놓고는 일을 나갔다.

"문 닫고 자라, 퍼뜩."

엄마의 재촉에 눈을 내리깔고 아버지와 대치 중이던 오빠가 방문을 꽝! 닫았다. 어디서 배운 버르장머리냐고 아버지가 화낼까 봐 재빨리 그 곁으로 갔다. 들고 있던 빗자루를 슬쩍 잡으니 못 이긴 척 내게 건네주고, 마땅치 않은 건지 미안한 건지 모를 헛기침을 하며 아버지는 안방으로 들어갔다. 오빠는 그 밤 한참을 더 웅얼웅얼 노래했다.

"웬일까 당당당당 / 웬일까 당당당당/ 너와 나 그 예엣날 그 매앵세 / 시으드은 꽃처러어엄어어엄 / 서글픔마안 나암았네"

한참 세월이 흐른 후에 이 노래가 폴 앵카Paul Anka의 「Crazy Love」 번안곡이란 것을 알았다. 제목을 '서글픈 사랑'이라 한 것이 다행이란 생각이 들었다. 직역해서 '미친 사랑'이라 했다고 설마 오빠가 미쳐 날뛰기야 했으랴만, '서글픈 사랑'을 부르며 본인의 서글픈 상황에 한껏 빠져 있다가 풀쳐 생각하지 않았을까 싶

하얀 눈물 137

어서이다. 슬픔을 이기는 힘은 그 슬픔을 직시하는 데서 나온다고 하지 않는가.

나는 지금도 원곡보다는 번안곡 「서글픈 사랑」이 듣기 좋다. 반항기 잔뜩 묻은 기타 소리와 "웬일일까 당당당당" 밥통 뚜껑 두드리는 소리를 덧대서 들으면 그 밤 풍경이 삽화로 그려진다. 삽화 속 젊은 엄마와 생전 아버지, 그리고 어린 오빠의 슬픔이 고스란하다.

회다지 소리

회다지 소리가 흥겨운 가락으로 바뀌자 선소리꾼의 즉흥 사설
이 시작된다. 이는 본격적인 호출 신호다. 상주는 물론이고 장지
에 있는 그 누구도 선소리꾼 시선에서 자유로울 수 없다.

만수 아재 이리 와봐 / 에이 허리 달공 / 돈 있는 거 다 알고 있어 /
에이 허리 달공

한참을 뿌리 깊은 나무처럼 땅에 붙박고 있던 만수 아재가 달팽
이 기듯 호출에 응한다.

아고 만원이 무엇이냐 / 에이 허리 달공 / 원래 짠돌이지만 너무
하네 / 에이 허리 달공

하얀 눈물 139

만수 아재 주머니는 이 정도에서 입을 딱 닫는다는 걸 익히 알고 있는 선소리꾼이 다음 목표를 찾아 매의 눈으로 좌중을 훑는다. 학창 시절 수학 시간이 떠오른다. 선생님 눈을 피하려는 학생들처럼 모두 허공 어디쯤 시선을 둔다. 하지만 망자의 인물 관계를 훤히 꿰고 있는 선소리꾼은 족집게처럼 찾아내 호명한다. 누군가 주머니를 뒤적여 망자와의 관계를 셈속하고 지폐 수를 정한다. 망자의 노잣돈이란 구실이지만 장례를 도운 마을 상여꾼들의 노고 값이기도 하고, 더러 청년회 기금으로도 쓰인다.

친척 어른의 발인 날이다. 회다지 소리가 무르익을수록 선소리꾼 횟대의 새끼줄은 돈줄이 되어간다. 남편은 팔에 상주 완장을 찬 채 산역꾼들 소리에 덩실덩실 춤추고 있다. 고인이 남편의 큰어머니라 아무리 한 다리 건너라지만, 저래도 되나 싶게 슬픔은커녕 산역꾼들보다 더 신명 난 모습이다.

상엿소리는 어려서 더러 들어봤지만, 회다지 소리는 시할머니 돌아가셨을 때가 처음이었다. 결혼 전 인사 갔을 때 할머니는 코가 땅에 닿을 듯 굽은 허리로 대문까지 나와 내 손을 잡아주셨다. 큰아이를 낳고 할머니 앞에서 어설프게 젖을 먹일 때는 다리 밑에 베개를 괴어주셨다. 그 기억이 다였다. 그리 애달픈 사연도, 슬픈 추억도 없는 시할머니의 장례는 사실 부담스러웠다. 그때만 해도 시골에서는 빈소를 집에다 차렸다. 하얀 상복에 머리엔 새끼줄을 두르고 하루에 몇 번씩 제사를 지내고 곡을 했다. 상주 중 누가 얼마나 서럽게 우나 살피는 동네 사람들 눈도 그렇고, 귀에도 설고 입에서 선 '아이고, 아이고' 곡을 하는 건 참 곤혹스러웠다.

이윽고 발인 날, 장지는 할머니 집에서 한참 떨어진 산중 밭이었다. 상여를 따라 노제를 지내며 산속 밭과 개울을 지나 장지로 갔다. 8월 땡볕은 장지까지 따라와 머리 위에서 지글지글 끓었다. 나가려는 정신을 붙들고 어서 이 의식이 끝나기만 기다렸다. 드디어 시신 안치를 마쳤다. 이제 봉분만 올리면 끝이겠구나, 몰래 안도하고 있었다.

시끌시끌하던 동네 남자들이 광중(무덤의 구덩이 부분)에 들어가더니 긴 작대기를 양손에 번갈아 쥐고, 양발을 교대로 굴려가며 무덤 밖에 있는 선소리꾼 선창에 천천히 돌기 시작했다. 일이 더 늦어질까 조바심이 나서 봉분 안 올리고 뭐 하는 거냐고 남편에게 물었다.

"회다지를 해야 올리지, 이 사람아. 시골 살았으면서 그것도 몰라?"

남편의 면박에 대거리하려다 그 가락이 어찌나 듣기 좋던지 땀

하얀 눈물 141

이 줄줄 흐르는 것도 잊은 채 손차양을 하고 그들 곁으로 갔다.

　　실낱같은 이내 몸을 쇠사슬로 잡아매어 / 에이허어리 다알공 / 끌
어내니 혼비백산 나는 가네 나는 가네 / 에이허어리 다알공
　　서산에 지는 해는 지고 싶어지며 / 에이허어리 다알공 / 오늘 가
는 나는 가고 싶어 가나 / 에이허어리 다알공

　시작은 긴소리로 애달픈 가락이었다. 귓등으로 얼핏얼핏 들어
본 회심곡 같기도 했다. 망자를 애도하는 구성진 소리를 듣노라
니 갑자기 할머니가 그망없이 그리워졌다. 없던 추억도 생길 것
같았다. 땀을 훔치는 척 눈물을 찍어냈다. 조금 전까지 빨리 끝나
길 바랐던 마음이 녹진해지며 어디 그늘 좋은 곳에 앉아 소리를
계속 듣고 싶었다.
　하관을 마친 후 관 위에 흙을 붓고 다질 때 부르는 소리의 명칭
중 전국적으로 가장 많이 불리는 것은 '달구소리'와 '회다지소리'
이다. 강원도 화천에서는 탈관 후 시신을 광중에 안치하고 석회
를 섞은 흙을 부어 다진다. 해서 '회다지'라 한다는 것을 그때 알
았다. 석회를 섞어 더 단단해진 흙은 나무뿌리나 뱀, 쥐 등의 침범
을 막는다. 석회를 섞은 흙을 붓고 다지고, 또 붓고 다지고, 이 동

142　주황색 거짓말

작 한 번을 쾌라고 하며 보통 3쾌, 5쾌 등 홀수로만 다진다.

가락은 점차 산역꾼들의 흥을 돋우기 위해 메나리조로 바뀌었다. 선소리꾼이 입담을 섞어 앞소리를 매기는 동안 산역꾼들은 '에이허리 달공' 후렴을 하며 흙을 다졌다. 앞소리 입담에 따라 장지의 분위기가 슬퍼지기도 하고 때 아닌 웃음꽃이 피기도 했다.

몇 번의 회다지 소리를 더 듣는 동안 30여 년 세월이 흘렀다. 상주도 산역꾼들도 세대가 바뀌었다. 그 옛날 보았던 그의 아버지와 똑 닮은 이들이 두런두런하는 얘기를 귀동냥한다. 그들도 회다지가 오랜만이라고, 매장 문화가 사라지고 있기도 하지만 매장을 한다 해도 요즘은 산역할 사람이 없어 포클레인으로 봉분을 만든다고 한다. 현장에서 언제 또 회다지 소리를 들을 수 있을지 모를 일이다.

죽음을 먼 관념으로만 느꼈던 젊은 시절에는 가슴 밑바닥을 후벼 파는 처연함의 긴 소리가 좋았다면, 나이 쉰 중반을 훌쩍 넘고보니 선소리꾼의 순발력과 재치가 빛나는 빠른 가락에 귀가 더반응한다. 나이가 주는 초연함일까.

불러낼 구실은 선소리꾼 영역이다. 장지에 있는 온 동네 사람들 이력이 낱낱이 불려 나온다. 목 놓아 곡을 하던 피밭은 상주들

의 슬픔도 잠시 잦아드는 시간이다. 후렴구 '에이허리 달공' 소리
는 '쾌지나칭칭나네'를 듣는 것처럼 신명이 난다. 장례식에서 신
명이라니 불경한 단어가 아니던가. 하지만 이 신명은 떠나는 이
를 잘 배웅하고 남은 이의 마음을 토닥여 준다. 이별에 순응하는
힘을 준다. 문득 마지막일지도 모른다는 생각에 눈치껏 동영상을
찍는다.

인천 조카며느리 어디 갔나 / 에이허리 달공 / 조카는 춤추고 며
느리는 사진 찍고 / 에이허리 달공

선소리꾼 시선이 직선으로 날아온다. 장례 첫날부터 연 사흘째
술독에 빠져 있던 남편이 춤추는 자세로 엉거주춤 졸다가 '인천
조카며느리' 호명에 제 안사람 부르는 소리인지는 어찌 알고 눈
을 크게 뜬다. 이미 큰집 작은집 상주들 순서대로 두어 번 노잣돈
을 보탰는데 눈치 없는 남편은 빨리 와서 돈 꽂으라고 뜨르르하
게 소리친다. 나는 만수 아재처럼 느린 걸음으로 주머니를 뒤적
인다.

그녀의 타인

귀남이 다시 중환자실로 옮겨 갔다. 혈압이 떨어져 또 승압 치료를 해야 한단다. 하루만 참을걸, 하루만 더 그 곁을 지킬걸 하는 후회가 가슴에 돌덩이로 내려앉았다.

23년 7월, 나는 또 간헐적 백수가 되었다. 6월부터 귀남은 언제 올 거냐고 독촉했다. 7월에 백수 되니 그때 가겠노라 해도 얼마 있다 또 전화를 했다.

"아, 7월 달부터 논다 캤구나. 난 이달부터 논다는 줄 알았네."

7월이 되었고 얼마간 귀남과 지낼 생각에 가벼운 마음으로 가방을 쌌다. 기력이 눈에 띄게 쇠약해진 그녀는 며칠 전 춘천 막냇동생 집에 와 있었다. 여러 날째 배가 아프다는 말에 막내가 먼저 개인병원에 모시고 갔었다. 진찰 결과 담낭염이 의심된다며 종합

병원에서의 입원 치료를 권했다. 자고 내일 되면 괜찮아질 거 같다며 병원에 안 가려는 그녀를 요양 겸 며칠 입원해서 몸을 보하면 괜찮아질 거라고 토닥였다.

엑스레이 검사 결과 폐에 문제가 생긴 것을 알게 됐다. 거기다 갑자기 혈압이 떨어져서 승압 치료를 위해 첫날부터 중환자실로 옮겨 가야 했다. 보호자와 같이 있겠다며 내 손을 놓지 않으려는 귀남을 달래 중환자실에 밀어 넣고 인근에 사는 막냇동생네 집에 머물며 상태를 지켜보기로 했다. 정확한 병명은 나오지 않았지만, 폐질환은 대체로 노인에게 치명적이란 말이 떠올라 가슴을 무겁게 짓눌렀다. 그때 퍼뜩 떠오르는 근심 하나. 엄마 통장은 어디 있지? 보통예금으로 다 옮겨놨다고 했으니, 돈을 찾을 수 있겠지? 중환자실에 있는 엄마가 혹여 은행 방문을 못 하게 되면 타인이 가도 돈을 내줄까? 타인? 그래, 우리는 엄마의 타인들이지.

호적에도 가족관계증명서에도 없는 그 이름 강귀남. 아버지 동거인으로 살다 아버지 떠나고 서류상엔 자식 하나 없이 오롯이 혼자인 사람. 이제 그 생애가 사위어 가고 있는데 나는 그 틈에서 그녀의 통장을 염려하고 있었다. 다음 날, 하루 한 번 있는 그 짧은 면회 시간에 귀남에게 물었다. 통장과 도장 어디 있냐고. 누가 훔쳐 간다고 보관 장소를 자꾸 이리저리 옮겨놓는다는 말을 동생에게 들었던 터였다. 그녀는 집에 가야 한다면서 신발 가져왔냐고 물었다. 돈을 찾아야 하는 이유를 설명하고 겨우겨우 통장과 도장 행방을 알고 돌아 나오는데 그녀의 불안한 눈빛이 따라왔다.

귀남의 통장엔 꽤 많은 돈이 있었다. 꽃밭 매러(노인 공공일자리) 다니면서 받은 돈과 기초연금 받은 돈을 한 달에 50만 원씩 따로 떼어 수천만 원을 모아났다. 그 돈 모으는 재미가 참 좋았다고 며칠 전 올케한테 했다는 말을 전해 들었다. 나중에 당신 아플 때 쓰라는 말과 함께. 오지 않을 것 같은 '나중'이 시나브로 문밖에서 문고리를 잡고 있는 것 같았다.

귀남을 중환자실에서 일반 병실로 옮기긴 했지만 1인실 격리병동 음압실이었다. 병실까지는 해당 층 입구부터 7개의 문을 열어야 했다. 폐결핵 진단을 받은 그녀를 간병하기로 했다. 그간 입맛도, 밥맛도 없다는 말을 예사로 들었던 결과인지도 모르겠다. 균을 죽이려는 약은 여러 가지 부작용으로 사람까지 곤죽을 만들었다. 통증을 호소하는 시간이 급속도로 늘어났다. 생애 끝엔 통증만 남는 것인가, 두려웠다.

동생한테 전화가 왔다. 귀남의 돈은 은행 두 곳에 여러 개 통장으로 나뉘어 예금되어 있었다. 한 군데 가서 전액 인출 청구서를 내미니 본인이 와야 가능하다고 했단다. 할 수 없이 하고 싶지 않은 가족사를 말하고 엄마 현재 상태를 구구절절 읍소했는데도 안 된다며 전화로라도 본인 확인을 한다는 것이다. 사전에 손짓 발짓 섞어가며 그녀가 알아듣게 말은 해놓은 상태였다. 그래도 혹시나 서운할까 싶어 은행원과의 통화는 막고 싶었지만 어쩔 수 없었다. 잘 들리지도 않는 귀에 전화기를 바짝 붙였다.

"예… 돈 줘요…. 우리 아들… 막내이 내 아들…, 맞아….″

그 전화 이후 그녀의 상태는 더 나빠졌다. 아직 은행 한 군데 남았고 찾을 돈은 더 많았는데 귀남은 더 이상 통화할 수 있는 상태가 아니었다. 하루에 몇백만 원 정도면 굳이 본인 확인 안 해도 인출 가능한 금액일 거 같아서 동생에게 여러 날에 거쳐 인출하라고 했다. 서류상엔 자식이 아닌 그저 엄마의 타인일 뿐인 우리가 당신 돌아가신 후 그 돈을 찾을 방법이 없다는 이유로 지극히 현실적인 내 모습에 쓴웃음이 났다.

"우리 이러다 노인 예금 노린 금융 사기범으로 잡혀가는 거 아냐?″

동생과 농담을 하며 쓸쓸하게 웃었다. 통장의 돈을 거의 찾을 무렵 귀남은 밥도 약도 넘기질 못했다. 넘겼다 해도 토해 내기 일

148　주황색 거짓말

쑤였다. 기저귀를 갈 때면 이리저리 조금씩 움직여 주던 몸이 점점 굳어갔다. 의사는 간 수치가 너무 올라가 약을 바꿨는데도 수치가 떨어지지 않는다고 했다. 어떡하든 약을 먹어야 엄마가 살 수 있을 거란 생각에 먹지 않으려는 그녀와 수없이 실랑이했다. 똥 기저귀 가는 것보다 더 힘들다고 푸념했다. 그 약이 오히려 다른 장기까지 망가뜨리는지도 모르고. 몸은 점점 사그라지는 불씨 같은데 정신은 또록또록한 그녀가 장마철인데 밖에 비가 많이 오냐고 입만 달싹거리며 물었다. 물난리가 나서 온통 난리라는 내 말에 이렇게 말했다.

"아파 죽을라 캐도 비가 마이 와서 안 되겠네."

"그래, 엄마. 죽지 마. 장마철에 죽으면 민폐여."

농담으로 나도 응수했다. 앞으로 얼마나 더 농담을 주고받을 수 있을까.

담당 의사가 약 부작용이 너무 심해 당분간 투약을 중지하겠다고 했다. 그 말은 투약 부작용이 가라앉으면 2주 치료를 다시 시작해야 하고 나는 계속 의료용 마스크를 24시간 내내 쓰고 이 음압실에 갇혀 있어야 한다는 뜻이기도 했다. 병원 입원한 지 보름이 지나고 있었다. 예정대로라면 2주 투약 후 결핵균이 비전염성이 되어 일반 노인 요양병원으로 옮겨야 할 시기였다. 노인 요양

병원 입원 여부를 알아보고 있던 나는 음압실 들어온 첫날보다도 더 막막했다.

"니가 가면 우째. 나는 우뜩해. 누가 니처럼 해줄꼬? 니가 해야 지. 간병인은 비싸잖아."

수소문 끝에 음압실에도 들어온다는 간병인을 구했다. 입원 기간이 길어지게 되자 다른 형제들과 의논 끝에 내린 결정이었다. 제대로 간병하자면 전문적인 간병인이 낫겠다 싶었다. 음식을 먹이고 약을 먹이자면 만만한 딸보다는 남이 낫겠다고 생각했다. 머리도 감겨야 하고 몸도 씻겨야 하는데 경험 많은 간병인은 침상에서도 가능하다고 했다. 드디어 이곳을 나가겠구나, 나는 엄마 몰래 기뻤다. 엄마가 아기처럼 자꾸 겁먹은 표정으로 중얼거렸다. 내가 잘못 생각한 건가, 울컥하다가 "간병인은 비싸잖아." 란 말을 꼬투리 잡아 엄마 두고 병원 나갈 때 울지 않으려 마음을 다잡았다. 집에 가서 볼일 좀 보고 닷새 있다가 올게. 하얀 거짓말을 남겼다. 그녀는 마지못해 "그래, 갔다 와."라고 말하고는 이내 눈을 감고 고개를 돌렸다. 엄마는 그때 울었을까.

동생네서 자고 다음 날 집에 가려고 채비하는데 병원에서 전화가 왔다. 같은 진동음인데도 왠지 모를 다급함이 느껴졌다. 아니나 다를까, 엄마를 다시 중환자실로 옮겨야 한다는 전화였다. 투약을 중단했는데도 모든 상황은 아주 나빠졌다. 동생과 함께 서둘러 다시 병원으로 향했다.

"우째 또 왔어? 어젯밤에 왔어? 인자 안 갈 거지? 가지 마. 엄마옆에 있어. 간병인보다 니가 있는 게 좋아. 간병인이 세수도 안 시켜주고 머리도 안 빗겨줘."

급하게 면회를 하니 하룻밤 사이 얼굴이 퉁퉁 부어 다른 사람같은 엄마가 나를 보자마자 없는 기운을 돋우어 마치 어리광 피우 듯 반갑게 말했다.

"엄마, 나 이제 안 가. 계속 문밖에 있을 거야. 무슨 일 있으면나 불러. 바로 뛰어 들어올게."

중환자실 안에서도 또 1인 격리실에 있는 엄마한테 내가 할 수있는 말은 그것뿐이었다.

면회 대기실을 떠나지 못하고 한참을 쿵쾅거리는 가슴을 눌렀다. 하루만 더 엄마 곁을 지킬걸. 이대로 엄마가 가면 어떡하나. 아니, 우리 엄마가 그럴 리 없지. 그렇지만 승압 치료가 잘돼서 다시 음압실로 옮기면 또 어떡하나. 어떡해야 하나. 양가감정이 소용돌이치는 내 마음의 소리를 엄마가 들었을까. 그날 밤에 엄마가 떠났다. 그날부터 장맛비는 오지 않았다.

간병 일주일 만에 돌아서 나온 그날, 엄마 돈을 인출하기 위해 동분서주했던 일, 엄마의 마지막 날인지도 모르고 그 앞에서 불경한 마음으로 괴로웠던 일들이 목울대에 걸려 삼켜지질 않는다. 돌이켜 새김질하니 어쩌면 서류로만 타인이 아니라 마음으로도 난 그녀의 타인이었는지 모른다는 생각에 명치께가 저릿하다.

4부

보랏빛 마음자리

홍 약방집 자두
적바림
그 여자네 밥 냄새
유죄추정
30초
삼매에 들겠네
어떤 자세

홍 약방집 자두

"드르륵." 미닫이 유리문 여는 소리가 꽤 크게 났다. 성큼 안으로 들어가 가게에 딸린 안채 쪽을 바라본다. 조용하다. "계…세요?" 큰 소리로 한 음절을 내뱉고 이내 말꼬리를 말아 입 속에 가둔다. 유혹의 시간이다. 진열장 앞쪽에 자리한 새로운 과일에 눈길을 붙박는다. 이게 자두구나. 어떤 맛일까. 고야*랑 같은 맛일까? 누구는 고야보다 맛있다고 하고 누구는 같은 맛이라고도 했다. 홍 약방에 가면 판다고 했다. 모양부터 다르다. 작고 동글동글한 고야에 비해 자두는 갸름하고 끝이 뾰족한 것이 여간 예쁘지 않다. 아주 빨갛지도, 아주 노랗지도 않아 더 달콤해 보이는 자두는 촌스럽게 검붉은 고야에 비할 바가 아니다.

가게의 반을 문턱으로 구분해 한쪽은 생필품을 팔고 한쪽은 약을 파는 터라 문턱 너머 약방을 기웃거려 본다. 홍 약방 아저씨가

보랏빛 마음자리 155

의자에 기대 달콤한 낮잠에 들었는지, 약들을 정리하느라 쪼그리고 있다 벌떡 일어나기 직전인지 살펴야 하기 때문이다. 전혀 인기척이 없다. 뒷덜미가 근질거리는 이 고요한 시간. 자두는 손 뻗으면 바로 닿는 발 앞에 있다. 왼쪽 주머니에 있는 엄마가 준 심부름 돈이 혹시나 남을까 셈해 본다. 소용없다. 그렇다면 돈을 잃어버렸다고 하고 자두를 사서 먹어버릴까. 엄마가 부지깽이를 들고 냅다 뛰어오는 모습이 눈앞에 선명하다. '안 돼.' 머리를 흔든다. '딱, 한 알만.' 손을 내민다. '안 된다고!' '만져만 볼 거야.' 청군 백군 줄다리기를 하듯 마음이 다툰다. 안채를 살피면서 허리를 구부려 자두에 손을 뻗는다. 매끈한 감촉이 미끄러지듯 손안으로 들어온다. 그러나 손은 눈보다 느렸다.

"뭐 사러 왔…어?"

그때 마침 한 학년 위인 홍 약방집 언니가 안채에서 나온 것이다. 쭈뼛쭈뼛 손을 오므려 바지 주머니에 자두를 넣었다. 봤을까? 못 봤겠지? 봤을 거야.

"뭐… 줄까?"

엄마가 사 오라고 한 것이 뭐였는지 기억을 헤집으며 더듬더듬 손으로 진열장 안을 가리키는 순간 또르르… 내 바지 주머니에서 흘러나온 자두가 가게 바닥을 굴러 제 상자 곁으로 갔다. 바지 오른쪽 주머니에 난 구멍이 그제야 깜빡 떠올랐다. 언니의 눈이 상자 속의 자두와 내 바지에서 굴러 나간 자두와 그리고 나를 번갈아 훑었다. 엄마의 부지깽이가 눈앞에서 춤을 추고, 친구들의 수군거림이 귓가에서 맴돌았다. '안 된다고 했지! 넌 이제 부끄러워서 집을 나가야 할지도 몰라.' 천사인지 악마인지 모를 마음의 소리가 불안을 보탰다.

"이거, 이거 아니야."

굴러간 자두와 상자 속 자두를 번갈아 손가락질하며 언니에게 애원의 눈길을 보냈다.

"이거… 내가… 내가 가져온 거야. 저기… 아, 이모네서, 우리 이모네서 따 온 거야."

이웃 동네에 사는 이모라면 언니가 모를 것이라는 계산을 재빨리 해냈다. 이모 집에 자두나무는 당연히 없다. 나를 앞장세워 이모네 집으로 가자면 어쩌나, 걱정이 후폭풍처럼 밀려왔다. 금방이라도 언니가 안채를 향해 "엄마, 아버지! 희야가 자두 훔쳤어. 빨리 지서로 가요."라고 소리칠 것만 같아 온몸에 벌레가 기는 것처럼 오소소했다.

언니는 미심쩍은 표정을 거두지 않았지만, 아무것도 캐묻지 않았다. 심부름 셈을 끝내고 돌아서는 내게 "잘 가."라고 인사할 때는 뒤통수가 뜨끈뜨끈했다. 돌아서서 고백하고 싶었다.

집으로 오는 길 신작로에 쏟아지는 여름 햇볕은 자작자작 작은 불꽃처럼 발 앞에서 터졌다. 태산 같은 걱정에 현기증이 일었다. 차마 먹지 못하고 손에 꼭 쥐고 오던 자두는 개울 어디쯤 던져버렸다.

홍 약방집 언니가 이 일을 소문내지 않고 묻어두는 조건으로 다시는 그 어떤 것도 훔치지 않겠노라, 알고 있는 모든 신에게 일방적인 약속을 했다. 내 말을 들어주지 않는다면 마냥 삐뚤어지고 나쁜 아이가 되겠노라 협박도 했다. 다행히 약속과 협박이 통해 언니가 아무에게도 발설하지 않았는지 친구들 입이 잠잠했다. 이후 가게 문을 열고 들어가 한참을 있어도 주인이 나오지 않을 때와 같은 아슬아슬한 순간을 수없이 맞이했다. 그런 순간의 유혹을 이기는 내 양심의 기저에는 자두 한 알이 무겁게 자리하고 있다.

* 강원도 토종 자두. 고야 나무 없는 집이 없을 만큼 강원도 화천에서는 흔하디흔한 과일이었다. 크기는 방울토마토 정도이고 익으면 검붉은색이 된다. 자두보다 신맛이 좀 강하며 특유의 새콤달콤한 향이 침샘을 폭발시킨다.

적바림

"일천구백팔십칠 년 팔 월 열닷새. 지루한 장마가 계속되던 어
둡고 후텁지근한 날에 학문당에서."

책 뒤쪽 간지에 적힌 적바림이다. 멋이랍시고 옛날식으로 풀어
쓴 날짜에 피식 웃음이 난다. 책 제목을 보니 자분자분하고 볕살
같던 여자 성우의 목소리가 자동 반응처럼 떠오른다. 그 무렵 헤
르만 헤세의 『크눌프, 삶으로부터의 세 이야기』라는 책 이야기가
라디오에서 자주 흘러나왔다. 크눌프 삶을 반면교사 삼아 젊음을
현실 부정이나 무조건 반항만 하는 시기라 생각하지 말라는 계몽
성 멘트가 귓결에 걸리는 걸 봐서는 공익광고인 듯하다. 내용은
차치하고 '크눌프'라는 이름이 주는 매력에 끌려 이번 달은 무조
건 저 책을 사리라, 여러 번 다짐했다. 그랬기에 그날 학문당에서
는 책 한 권을 선택하기 위해 심사숙고하지 않아도 됐을 것이다.

보랏빛 마음자리 159

한 달 살기도 버거운 박봉에 책 한 권 사는 것은 사치인 동시에 최저 생활비용이기도 했다. 갖고 싶은 많은 책 중 꼭 하나만 골라야 하는 상황은 괴롭고도 즐거운 시간이었다. 아직 읽지 않은 책이 머리맡에 있다는 건 사랑을 막 시작할 때 못지않은 설렘이었다.

배다리 헌책방 거리를 다녀왔다. 인천에 산 지 30년이 넘었으면서 그곳은 처음 가봤다. 배다리란 지명은 알고 있었지만, 헌책방 거리가 있는 줄은 모르고 살았다. 얼핏얼핏 바람결에 들었겠지만 관심을 두지 않았을 것이다. 세월의 뒷전으로 밀려나 소멸해 가는 풍경을 그닥 좋아하지 않았다. 나 사는 것도 고단한데 보는 풍경마저 낡고 허름하고 쓸쓸해서야. 심경에 어떤 바람이 불었는지 근래 들어 한 번은 꼭 가봐야 한다는 의무감이 생겼다. 그리고 그곳은 혼자 고즈넉하게 다녀오고 싶었다. 여럿이 여행지 정보를 공유하며 시끌벅적하게 다니는 것도 좋지만 오롯이 내게만 집중하는 시간도 가져봄 직하다 생각했다. 어디 먼 곳을 여행할 것처럼 마음 채비를 하니 정류장에서 버스를 기다리는 시간, 차창 밖을 보며 사색에 젖는 시간이 알뜰했다.

배다리는 바닷물이 들어오던 수로를 통해 작은 배가 철교 밑까지 드나들었다는 데서 유래한 이름이다. 인천 배다리는 동구 금창동과 송현동 일대를 일컬으며 개항 이후 일본인들에게 개항장 일대를 빼앗긴 조선인들이 모여 살며 형성된 마을이다. 포털 사이트 지식백과를 검색하며 사전 지식을 장착하고 배다리 삼거리에서 내렸다.

평일 헌책방 거리는 한산했다. 주말에는 방문객이 좀 있었으면 하는 바람을 앞세우고 사부작사부작 걷다 보니 키 작은 건물과 오래된 골목 구조가 낡은 듯 새로웠다. 개화기를 소재로 한 드라마 속에라도 들어와 있는 것 같아 괜히 우쭐했다. 배다리 헌책방 골목은 한국전쟁 이후 먹고살기 힘든 시절, 서민들이 책을 팔고 사면서 자연스럽게 형성된 곳이다. 한때는 헌책방이 40여 곳에 달하던 시절도 있어 서울 청계천, 부산 보수동과 더불어 3대 헌책방 골목으로도 이름을 날렸다는 기록을 밑그림 삼아 당시 거리를 상상하는 재미도 쏠쏠했다. 모든 것의 꽃등은 다 한때이긴 하지. 집현전, 아벨서점, 삼성서림, 한미서점 등 이제는 명맥만 유지한다는 서점 몇 군데가 후듯하게 보였다.

한미서점 앞에 섰다. 드라마 「도깨비」에 등장한 서점답게 연노란색 벽면이 단연 돋보이며 머나먼 꿈결같이 환상적인 분위기를 자아냈다. 「도깨비」의 남 주인공이 서가에서 책을 고르는 장면은

보랏빛 마음자리 161

한미서점 내부에서 촬영한 것이라 한다. 인증 사진을 남기려는 손님들 때문에 주인장이 꽤 시달리겠다 싶어 아벨서점으로 발길을 옮겼다.

헌책방이니 별다른 인테리어는 없었지만, 책은 나름대로 분류가 잘 되어 있었다. 초등학생 시절 교실 뒤편에 있던 학급 문고가 떠올랐다. 『꿀벌 마야의 모험』『소공녀』『성냥팔이 소녀』 등 처음 접해본 이상하고 신기하고 환상적인 세상이 숨어 있던 곳. 책을 읽지 못하는 정규 수업 시간은 지루했다. 밥 먹는 시간도, 잠자는 시간도 아껴가며 책 읽기에 몰두했다. 마지막 페이지를 덮고 나면 세계에서 빠져나온 허우룩함에 며칠을 끙끙 앓기도 했다. 학급문고의 작고 낡은 책장은 『이상한 나라의 앨리스』의 토끼 굴처럼 다른 세계로 가는 신비한 문이었다.

조붓한 책장과 책장 사이를 가만가만 걸으며 이 많은 기록이 이곳에 오기까지의 사연이 궁금했다. 언제 누구의 첫 손길과 눈길을 받았을까. 책 밖에서 흘러간 시간도 톺아보면 책 속 이야기 못지않을지도 모를 일. 책을 빌려 읽는 것에 익숙했기에 간혹 한 권, 두 권 값을 치르고 내 소유가 된 책들을 알천으로 여기게 됐다. 이 윽토록 시간이 흘러 상자에 담아 창고행이 될지라도 책을 떠나보내는 건 생각해보지 않았다. 이 많은 헌책은 미련을 놓아버린 담

162 주황색 거짓말

대함처럼도 느껴졌다.

책들은 생각보다 깨끗했다. 어느 구석에서 희끗한 시간을 이고 있을 내 오래된 책들이 떠올랐다. 책도 집과 마찬가지로 사람의 손길이 드나들어야 하리. 읽을 만한 책들을 고르며 맨 뒷장을 들춰봤다. 책을 사면 습관적으로 뒷장 여백에 적바림해 놓는 나처럼 혹시나 전 주인들의 메모라도 있을까 싶어서였다. 약간의 궤적이라도 알고 싶었지만 깨끗했다. 있었다 해도 책을 떠나보내며 흔적을 지우지 않았겠는가. 욕심껏 고르다가 아직 첫 장도 열지 않고 쌓여 있는 내 방의 책들이 생각나 다시 제자리에 꽂았다. 구경값으로 두 권의 헌책을 품고 집으로 왔다. 책 뒤 간지에 구입한 날짜와 장소, 간단한 소회를 적바림하고 나서 서점에서부터 기억 언저리를 따라오던 상자 속 오래된 책들을 꺼냈다.

"일천구백팔십칠 년 구 월 초이렛날 정진이랑 학문당에서." 『방황하는 너에게 고뇌하던 내가』란 책에 있는 메모다. "일천구백팔십칠 년 푸르른 시월 스물셋째 날에 산호서점에서." 『나의 라임 오렌지 나무』를 산 날짜다. 산호서점이면 그날은 마산 번화가까지 안 나가고 산호동에 있던 직장에서 퇴근하면서 산 모양이다. 오래전에 흐릿해진 기억이지만 메모를 따라 나는 어느새 그

보랏빛 마음자리 163

날짜, 그 장소에서 서성인다. 일천구백팔십팔 년 정월 스무엿새 날은 청산서점에서 톨스토이의 『바보 이반』을, 일천구백팔십팔 년 사 월 어느 날엔 알퐁스 도데의 『꼬마 철학자 다니엘』을 자취 방으로 데려왔나 보다.

『하늘과 바람과 별과 시』 겉장이 나달나달하다. "1984. 6. 13. 학문당에서 정진이와 함께" 산 책이다. 당시 한올진 사이였던 눈 이 작고 몸이 가늘가늘했던 정진이 모습이 책갈피를 헤치고 나온 다. 일제 강점기 저항 시인에, 잘생긴 외모에, 안타까운 죽음까지 '윤동주'에 관해 서로 제가 아는 지식을 전하느라 재잘재잘하는 소리가 아슴푸레 들려온다. 『릴케의 명시』 노란 표지는 희치희치 제 색을 잃고 망연하다. "1984. 11. 8. 문예사에서" 첫눈을 맞추 고 꽤 오랫동안 손길 닿는 곳에 있었을 테다. 시에 대한 동경과 흠 모로 가슴 콩닥거리며 밤마다 시집을 펼쳤을 스물 초반의 날들이 우련하게 다가온다. 모든 것의 끝은 있게 마련, 사물이라고 다를 까. 푸릇했던 청년기에 더 푸른색으로 내게 왔던 『하늘과 바람과 별과 시』, 샛노란 개나리색 외양이 어떤 희망 같았을 『릴케의 명 시』 표지가 거울처럼 나를 비춘다.

책장을 훑어본다. 어느새 부엉이살림이 되었는지 책이 **빽빽** 하다. 글쓰기 도반들과 최근 '고전 다시 읽기' 과제 수행 중이다. 그

일환으로 구입한 네 권짜리 톨스토이의 『전쟁과 평화』가 도열한 병사들 같다. "정독할 수 있을까."라고 적은 1권의 적바림처럼 책은 아직 벼린 상태다. 그 책들 사이에 자리를 마련하고 헌책들을 모신다. 푸새한 옷깃 같던 새 책들이 한풀 숨을 죽이고 쇠잔한 그들의 어깨를 겯는다. 시대가 남긴 적바림일까. 색 바랜 포스트잇 같은 배다리 헌책방 거리가 오버랩 된다.

그 여자네 밥 냄새

아, 그 여자네 밥 냄새가 이랬을까.

김이 새서 밥맛을 망치는 압력솥 패킹을 교체하고 밥솥을 지켜보고 있었다. 김 새는 일 없으니 비로소 밥 냄새가 돌아왔다. 압력추가 빨리 멈추기를 기다렸다. 갓 찧은 햅쌀로 지은 밥에서 퍼지는 냄새는 식욕을 담당하는 모든 세포를 유감없이 깨웠다. 빨리 먹고 싶은 마음에 순간 현기증이 나면서 얼마 전 지인들 모임에서 들은 얘기가 생각난 것이다.

- 그 남자가 그 여자네에 갈 때마다 현관에 들어서면 밥 냄새가 났대. 우연인지 작전인지는 모르겠지만 여자는 늘 그렇게 남자가 오는 시간에 딱 맞춰서 새 밥을 해주더래. 그 밥 냄새가 그렇게 좋았다네. 그래서 바람이 났대.

한 사람이 말을 꺼내자 일행들은 너 나 할 것 없이 바람과 남자와 밥과의 상관관계에 대해 말을 쏟아내기 시작했다.

  - 어머나, 몸 정보다 밥 정이라더니 밥 먹다 정분난 거야? 고소한 밥 냄새를 풍기며 뜨끈뜨끈한 새 밥을 차려주는 새 여자라. 새로 지은 밥처럼 찰싹 붙어 세월 가는지 몰랐겠네.
  - 뭐? 집으로 끌어들였다고? 남편이 없는 여자야?
  - 그럼! 남편이 있는데 설마 남자를 집으로 끌어들였겠어?
  - 요샛말로 '라면 먹고 갈래?'가 아니고 그 여자는 '밥 먹고 갈래?' 그랬을까?
  - 압력솥에서 '촤아아' 하고 김이 오르면 그 누구라도 순정해지는 밥 냄새가 있지. 순정한 밥 냄새가 좋아 불순한 관계가 되었다니 웃기는 일이네.
  - 순정 좋아하네. 아고, 그놈의 밥, 밥! 누구든 처음은 뜨거운 밥 아니었을까. 살다 보니 찬밥 되고, 쉰 밥 되고 그런 거지. 그게 얼마나 간다고! 안 들키고 무사했대?
  - 어떻게 안 들키겠어. 마누라한테 들켜서 죽다 살았대.
  - 그러다 집에 기어들어 오면 밥을 해줘야 해, 말아야 해?
  - 그 여자가 해주는 밥 냄새가 좋아서 바람이 났노라고 설마 마

보랏빛 마음자리 167

누라한테 말했겠어?

- 밥은 무슨. 반 죽여도 분이 안 풀리겠구먼.

모두 의자를 바짝 당기고서도 몸을 반쯤 식탁 안쪽으로 밀어 넣고, 남의 집 바람 사건을 판결하느라 우리 밥은 뒷전이었다. 바람 상대로 예쁜 여자보다는 자기 말에 귀 기울여 주는 여자라는 말은 들어본 적 있지만, 밥 냄새에 끌렸다는 건 참 의외였다.

우리 집 밥 냄새를 맡으며 곰곰(곰곰 생각할 문제인지는 모르겠지만) 생각해 보니 남자의 바람을 이해하는 건 아니지만, 밥 냄새에 혹할 수는 있겠다 싶었다. 퇴근하고 딱 배고픈 시간에 풍기는 구수한 밥 냄새는 어떤 기억을 불러냈을지도 모르지. 누구에게나 그리움을 건드리는 냄새 한두 가지쯤 있으니까. 그중 하나가 툭 건드려졌는지도 모르지. 어릴 적 달콤한 아침잠을 깨우던 엄마 손에 묻은 밥 냄새일지도. 어둑신한 골목 까닭 없이 신발 뒤축이 천 근 무게가 되는 날, 어느 집 낮은 담을 넘어오던 저녁 밥상 냄새일지도. 세상에 치이고 얻어터진 고단한 날도 있었을 터. 잔뜩 긴장하고 날을 세운 마음에 훈김이 돌면 무방비 상태가 되어 여자에게 엎어졌을 것도 같다. 아니면 혹시 나처럼 하얀 쌀밥 냄새에 대한 결핍이 있었을까.

"희야, 밀쌀 한 봉다리 사 와라."

산간 지방인 화천은 쌀이 부족한 동네였다. 논농사가 없던 우리 집은 더 말할 것도 없었다. 잡곡밥은 당연했다. 이웃들은 쌀 대신 보리쌀을 선호했지만 보리쌀 식감이 영 못마땅한 엄마는 대안으로 밀쌀을 택했다.

나는 종종 고무줄놀이를 하다 말고 봉지 밀쌀을 사러 갔다. 매끈매끈한 봉지를 품에 안고 오면서 밥 냄새를 생각하곤 했다. 보리밥이나 밀밥이나 냄새는 거기서 거기다. 오래 묵은 전 내가 구수한 밥 냄새를 다 덮어버리는 까닭이다. 음식의 맛은 냄새가 반 이상 차지한다. 보리밥, 밀밥은 딱 그 냄새만큼의 맛이다. 지난 생일, 엄마가 밀쌀 위에 읍쌀을 얹어 지은 하얀 쌀밥을 고봉으로 담아주던 생각을 하며 걸었다. 반찬 필요 없이 밥만 먹어도 맛있는 쌀밥. 입 안에 오래 두고 싶지만 저절로 넘어가는 쌀밥. 아침에 고봉 깎아 먹고, 점심에 남은 반을 먹고, 그리고 나머지 밥은 저녁으로 먹으면서 생일을 만끽하고는 빨리 잊어야 한다. 다음 생일까지 밀밥으로 견뎌야 하는 나름의 생존전략이다.

지금도 난 밥 중에서는 하얀 쌀밥이 가장 좋다. 갓 찧은 쌀로 밥을 지을 때 풍기는 밥 냄새를 맡고 있노라면, 돈 떼먹고 도망간 놈도 용서할 수 있겠다고 말할 정도로 마음이 순해진다. 평화롭고

보랏빛 마음자리 169

따뜻하고 안심된다.

그 남자의 아내도 그런 날이 있었겠지. 남자가 어깨 한가득 노을을 얹고 집으로 돌아오는 시간이면 가스레인지 불을 켜고 쉬익 쉬익 압력추가 돌기를 기다리는 날. 노릇한 고순 내를 풍기며 추가 돌면 최상의 밥맛을 가늠해 불을 끄고 뜸을 들이던 날.

나도 그런 날이 있긴 있었다. 바쁜 직장 생활에 전기밥솥으로 갈아탄 지 오래지만. 언제부터인가 밥솥이 비면 먼저 발견한 사람이 한 솥 가득 해놓는다. 퇴근 시간도 다르고 밥때도 다르니 누구든 아무 때라도 먹을 수 있게. 각자 밖에서 밥을 해결하는 날이 많아지면서 밥은 저 혼자 100시간 넘게 누렇게 떠간다. 이렇게 되기까지 밥 때문에 싸운 적도 많았다. 젊었을 때 살짝 감정이 상해 토닥거리다 싸움이 거칠어지면 남편은 꼭 밥을 걸고 나왔다. 아침밥을 주니 마니, 밥을 제때 하니 마니 했다. 압력밥솥 꼭지 돌 듯 확 돌아버린 나는 찬밥이고 더운밥이고 아예 국물도 없을 줄 알라고 눈을 흘겨댔다. 주변 얘기를 들어보면 다른 집 남편들도 그저 밥, 밥, 밥에 사활을 건다고들 했다. 남자에게 밥은 뭘까, 종족 보존의 본능처럼 원초적인 어떤 생존 본능일까. 그토록 밥에 목숨을 거는 이유가 뭘까, 깊이 생각한 적도 있었다.

그 남자도 그 여자네 밥 냄새가 생존 본능 같은 거였을까. 그렇다면 잠깐의 생존 후 긴 죽음의 시간은 어떻게 견뎠을까. 지금은 안녕한지 문득 궁금해진다.

유죄추정

관리사무소 경리 팀에서 근무할 때 상반기 내부 회계감사가 있는 날이었다. 관련 자료 중 경리 팀에서 관리하는 지출결의서를 미처 챙겨두지 않았던 터라 서둘러 출근했다. 감사 시간은 9시 30분. 출근하자마자 자료 보관 책장을 열었다. 그런데 분기별로 있어야 할 지출결의서 자리에 1/4분기 자료가 보이지 않았다. 다른 책장을 다 찾아봐도 없다. 간혹 눈앞에 뻔히 있는데도 못 찾는 경우가 있다. 그럴 때는 남의 눈을 빌리면 쉽게 찾기도 해 잠시 숨을 고르며 담당 주임이 출근하길 기다렸다. 늘 그 자리에 있는 문서이니 다음 날 챙겨도 되겠다 싶어 미뤘던 게으름에 은근히 부아가 났다.

"김 주임, 1분기 지출결의서 어딨어?"

급한 마음에 아침 인사는 생략하고 빠른 음절로 물었다.

"거기 그 자리에 있겠죠."

"없어. 찾아봐, 빨리!"

"여기 있… 응? 응? 뭐야? 없네? 왜 없지? 어디 갔지?"

불만스러운 기색으로 자료를 찾던 김 주임이 의문부호를 남발했다. 분주해진 발소리가 내 심장 뛰는 소리 같았다. 모든 책장을 뒤졌지만, 그것만 감쪽같이 없다고 울상 짓는 그녀 얼굴이 홍시처럼 물들었지만 못 본 체했다.

직원들 책상 위를 훑을 차례다. 자연스럽게 우리는 부장 자리로 모였다. 모든 결재서류를 묵은지 묵히듯 하는 그는 사실 없어진 자료를 찾을 때마다 의심의 눈길을 거둘 수 없는 인물이다. 자료 80% 이상은 대개 그 자리에서 찾아내기 때문이다. 하지만 이번 자료는 20%의 확률에 속했는지 그곳에서도 찾을 수 없었다. 시간은 점점 다가오고 찾아볼 데는 다 찾아봐도 나오지 않는 자료에 속이 타들어 갔다. 감사 두 분의 일정이 맞지 않아 여러 차례 조율 끝에 잡힌 날이었기에 미뤄 달라 할 수도 없는 처지였다. 출근하는 직원마다 '뭐 찾아요?' 입 모양으로 묻고는 눈치껏 자료 찾기에 동참했다. 결국 모든 직원이 여기 서성, 저기 서성대니 사무실 공기도 술렁거렸고 급기야 센터장실 문이 벌컥 열렸다.

보랏빛 마음자리 173

"자료 준비도 미리 안 해놓고 무슨 감사를 받는다는 거야?"

성격 급한 센터장은 예상대로 가랑잎에 불붙듯 화라락 화기를 뿜어냈다.

미리 챙겨놓을 걸 하는 후회는 사무실 직원 전체로 향하는 의심으로 증폭되었다. 늘 그 자리에 보관해야 할 자료를 제대로 보관 못 한 경리 팀에도 짜증이 솟구쳤다. "누군가 열람을 위해 가져갔다면 다시 챙겨놨어야지." 하는 질책이 목구멍을 넘어 꽉 물고 있는 잇속을 비집고 새어 나왔다. 일이 해결되고 나면 짜증 내고 찡그렸던 얼굴이 무안하고 미안해지는 걸 알지만 그 순간은 또 그렇게 겉으로 표시를 내고야 말았다.

성난 얼굴로 김 주임에게 기한 지난 문서 보관 창고 열쇠를 달라고 했다. 며칠 전 경리 팀에서 창고에 있는 자료를 상자째 챙겨 온 적이 있기에 다시 갖다 놓는 과정에서 혹시 휩쓸려 갔는지 찾아볼 생각이었다. 사색이 된 김 주임이 따라나섰다. 비교적 문서 관리를 잘하는 직원이라 일이 어떻게 된 것인지 본인도 무척 당황스러워했다.

창고에는 사람의 발길이 멀어지면 피는 곰팡내만 가득할 뿐 역시 찾는 자료는 없었다. 난감해진 우리는 공손한 자세로 쪼그리고 앉았다. 왜 없어졌을까, 누가 가져갔을까, 여러 정황을 가정하며 추리했지만 결론을 얻을 수 없었다.

막 창고 문을 닫으려는데 전화가 왔다. 묵은지 부장이었다. 왠지 예감이 좋았다. 역시 자료를 찾았다는 소리에 안도의 숨을 내쉬며 물었다.

"어디 있었어요?"

뒤이은 내 예상은 묵은지 자리에 있었을 거란 대답이었다.

"권 대리 자리 뒤 캐비닛에 결산자료 모아놓은 거 있는데 그 속에 섞여 있네."

아, 맞다! 그제야 터져 나오는 탄식. 가만히 서서 두어 번 눈을 깜빡이는 동안 기억은 꽃이 피는 과정을 빠른 화면으로 돌린 것처럼 피어났다.

얼마 전 여기저기 흩어져 있는 몇 년 치 결산자료를 한곳에 모아둘 생각으로 정리하고 있었다. 마침 지출결의서 자료가 필요해 책상 위에 같이 올려놨던 일이 떠올랐다. 그때 결산자료에 휩쓸려 내 자리 바로 뒤 캐비닛으로 들어가 버린 것이다.

"아, 다행이다. 그런데 아까 우리 왜 못 찾았죠? 사무실 안을 다 뒤졌는데."

보랏빛 마음자리 175

김 주임이 반색하며 웃음 끝에 의문을 달았다. 그건 그 캐비닛만 열어보지 않았기 때문이었다. 결산자료철만 그곳에 따로 보관했다는 정해진 생각이 앞을 가려 열어보나 마나 없다고 생각했다. 그 생각은 다른 사람 행동까지 제어했다. "아니, 거긴 아냐. 결산자료만 있어."라는 말로 그곳을 그냥 지나치게 했다.

밀려드는 민망함에 얼굴이 후끈 달아올랐다. 고정관념이란 것이 이렇게 무서운 것이네, 어쩌네 하며 그 자리를 모면하려 했다. 문득 '누구든 유죄판결이 확정될 때까지는 무죄로 추정한다.'라는 법률 용어 '무죄추정의 원칙'이 떠올랐다. 생각해 보니 자료를 찾으면서부터 직원들을 의심의 눈초리로 쏘아보고, 탓하고, 책망하는 중에 나 자신을 향한 의심은 손톱만큼도 하지 않았다. 어디 이번일 뿐이겠는가. 지금껏 타인에게는 무조건 유죄추정, 자신에게는 무죄추정의 일관된 고정관념으로 살아왔을 터이다. 이제 내 기억이 정확하다는 믿음을 버려야겠다. 문제 해결을 위해서는 나를 먼저 의심해야 하는 것이 맞겠다며 김 주임에게 다 들리도록 혼잣말을 했다. 그리고 미안함과 반성을 모아 그날 상당한 점심값 지출을 감수했다.

30초

아침 8시, 주전자에 물을 올리고 일회용 드립백 커피를 꺼낸다. 뜨거운 물 약 15mL를 커피 전체에 적신다. 그리고 30초 정도 뜸을 들여 커피 가루를 불려야 한다. 30초, 다른 일을 하기에는 짧고 우두커니 서서 기다리기엔 다소 지루한 시간이다. 느슨한 30초를 비집고 생각들이 몰려온다. 문밖은 모두가 바쁘게 내달리고 있을 텐데 이렇게 안온해도 되나. 좀 더 버텼어야 했나.

각다분했던 긴 직장생활을 접고 '내게 주는 휴가'라는 거창한 이름을 붙여가며 집에 머문 지 꽤 여러 날이 지났다. 일단은 지병 같은 월요병에서 해방된 것이 더없이 기뻤다. 지인들에게 농담처럼 일요일 아침 딱 눈뜨자마자 월요병이 도진다고 말했지만, 그건 농담이 아니고 사실이었다. 일요일 하루 시간 가는 것이 아까워 동동거리다 아무것도 못 하는 병. 해 지는 시간부터는 월요일 출근 걱정에 무기력과 우울증이 한꺼번에 어깨에 매달려 늘어지는 병. 누가 뭐라 하지도 않는데 금방이라도 무슨 일이 생길 것만 같은 불안은 목 끝까지 차오른다.

사실 조급증과 불안은 일요일뿐만 아니라 일주일 내내 마음속에 도사리고 있다. 일터가 조용하면 무슨 일이 생길까 불안하고, 일이 생기면 생긴 대로 다음에 이런 일이 또 생기면 어쩌나 하는 걱정에 불안하다. 어떤 일이 생기면 분명히 내가 불안해할 것이란 걸 알기에 그때 불안해할까 봐 벌써 불안하다. 불안증은 금요일 밤 잠시 나를 놓아둔다. 군만두 한 접시와 맥주 캔 하나로 간신히 마음의 전쟁에서 풀려나면 줄어드는 평화가 안타까워 밤을 지새운다. 토요일은 일요일에 겪을 불안을 내 의지와 상관없이 당겨온다. 불안해서 불안하고 불안해할까 봐 불안한 도돌이표 같은 불안 사이클에 늘 끌려다닌다. 이 상황을 분명히 인지하고 있지만 불안 가라앉히기는 번번이 실패했다.

언제부터 불안심리가 작용했을까 되짚어 보기도 했다. 야간 고등학교라도 가기 위해 낮에 공장에 다니며 학비를 벌어야 할 때부터가 아니었을까. 무리에서 벗어난 것 같은 열등감의 발로였는지도 모르겠다. 그들과 동등해지기 위해 뭐든 열심히 해야 했다. 끝까지 해내야 했고 포기하면 그 순간 낙오자가 된다고 생각했다. 현실과 이상의 괴리를 메우지 못해 불안증이 시작되었을까. 스무 살 어느 봄날 아침, 초록 불을 기다리던 건널목에서 차라리 신호등이 되고 싶었던 적이 있었다. 움직이지 않아도 되고 아무 데도 가지 않아도 되는 나무가 되고 싶었던 적이 있었다.

현재를 빨리빨리 보내고 싶었다. 순간에 집중하지 못하고 막연하게 미래를 기다렸다. 나이가 들면 넉넉하고 편안한 삶이 되지 않을까 기대했다. 그러니 현재의 삶은 늘 빈곤했다. 굴타리먹은 열매처럼 한쪽이 축나 있었다. 나에게 행복이란 언제나 미래에 있는 것이었다.

그 미래 중 하나가 '직장을 그만두면'이었다. 밤새 뒤척이다 자몽한 상태로 눈뜨는 아침, 잠자리에 흩어진 생각을 모아 그날 해야 할 일을 생각하는 시간. 또다시 엄습하는 불안감에 몸 일으키는 것이 태산이 뒤척이는 무게다. 어떤 예능 프로 자막처럼 아무것도 하고 싶지 않다. 정말 격렬하게 아무것도 안 하면서 하루를 보내고 싶다는 바람을 바닥처럼 짚고 간신히 일어난다. 직장을 그만두고 탱자탱자 놀면 불안증도 사라질 것 같다. 아무 일 하지 않고도 하루가 가는 것을 느낀다면 바닥에 머문 내 행복 지수 그

보랏빛 마음자리 179

래프가 쑥 우상향할 것 같다. 하지만 퇴사는 곧 실패의 다른 말이었기에 쉽게 결정할 사안이 아니었다. 또한, 불안증은 극복해야 할 장애라고 생각했다. 남들도 다 하는 직장생활이니 나도 해내야 했다. 형편을 생각하면 통장의 잔고 걱정 없기 전까지 퇴사를 입에 올리는 건 사치였다.

언젠가부터 퇴사 후 삶을 다룬 기사를 즐겨 읽었다. 어느 날 파이어FIRE족이란 단어가 눈에 들어왔다. 파이어와 퇴사의 조합이라니, 생경함은 호기심을 불러왔다.

Financial(금융), Independent(독립된), Retire(은퇴), Early(이른) 단어들의 앞 글자를 딴 FIRE족은 경제적으로 독립해 조기에 은퇴하는 것을 목표로 하는 젊은 세대의 새로운 라이프 스타일이라고 한다. 30대 후반, 늦어도 40대 초반에 은퇴하는 것을 목표로 20대부터 극단적으로 지출을 줄이며 소득의 70% 이상을 저축하고 투자하여 재정적 자립을 추구하는 생활방식이라니, 참 멋진 삶이구나 싶었다. 조기 은퇴, 말만 들어도 괜히 기분이 좋았다. 하지만 보통의 소득으로는 70% 아니라 100%를 저축해도 실현 불가능한 얘기라 금세 실망감이 몰려왔다. 그러나 이내 잘 먹고 잘 산다는 것의 개념을 자족하는 삶으로 환치한다면 못 할 것도 없지 않은가 싶었다. 삶의 질은 내가 결정하는 것이다. 파이어족처럼 조기 은퇴는 아니더라도 간헐적 은퇴는 어떨까. 좀 쉬어도 되지 않…을까. 나는 누군지도 모를 대상에게 허락을 구하듯 종종 혼잣말을 했다. 생각은 퇴직 쪽으로 자꾸 기울었다. 숨통이 트이는 것 같았다. 다시 직장을 갖지 못한다면? 그건 그때 생각해 보자는 또 누군지도 모를 목소리가 들렸다.

출근하지 않는 아침 일상은 기대했던 만큼 평화롭고 아늑했다. 다만 하루가 길 것이란 예상을 깨고 시간은 2배속인 듯 거침없었다. 한 달을 헐어놓으면 어느 결에 월말이었다. 중간에 한 보름쯤은 도둑맞은 것처럼 아득했다. 해놓은 것 없이 내 시간이 무용하게 흘러간다는 생각에 불이 켜지자 조급해졌다.

커피 가루에 물이 스미는 30초 동안 가슴속에 찌릿찌릿 불안감이 스며든다는 것을 감지한 나는 재빨리 남은 물을 부어 커피를 내린다. 한 모금 머금고 책상 앞에 앉는다. 노트북을 열고 듣고 싶은 마음의 소리를 자판 위에 내려놓는다. 괜찮아, 더 애쓰지 않아도 돼. 때로는 놀며 쉬며 살아도 돼. 크게 성공한 삶이 아니면 어때. 이만큼 살아온 거 자체가 성공이야. 아무것도 하지 마. 그냥 놀아도 돼. 놀아, 놀아.

보랏빛 마음자리 181

삼매에 들겠네

골짜기 시냇물은 아직 얼음 밑에서 속살속살 바깥 눈치를 살피고 있는데, 몇 걸음 옆 곰취 하우스엔 초록빛 세상 만발이다. 싱싱하고 쌉쓰레한 곰취 향이 가득하다. 최대한 코 평수를 넓혀 가슴이 뻐근하도록 들이마신다.

꿈에도 그리던 백수가 된 지 두 달째. 하필 화천 동생네가 곰취 수확으로 한창 바쁜 3월 말이다. 이번 봄은 꽃봉오리 부풀 때부터 분분한 낙화까지 발밤발밤 꽃구경이나 실컷 하리라 마음먹은 터라, 화천은 애써 외면하고 있었다. 하지만 놀면서 왜 오도 가도 않느냐는 엄마 성화에 별수 없이 가방을 쌌다. 한 이틀 돕는 시늉만 하고 말 생각이었다.

한참 전부터 이슬바심 중인 일꾼들을 둘러보고 광명댁에게 큰 소리로 인사를 건넨다. 그녀는 농촌 일자리 직거래 플랫폼 '푸마시'라는 사이트를 통해 광명에서 온 50대 여인이다. 농촌에 일자리가 많다는 말은 얼핏 들었지만, 실제 도시 사람이 여러 날 농촌에 체류하며 일하는 걸 보고 깜짝 놀랐다. 숙소는 농가에서 제공하고 식사는 본인 부담에 일당 8만 원이다. 평소 시골을 좋아해서 일부러 농촌 일자리를 찾아왔다고 한다. 집을 비운 동안 식구들 밥은 어떻게 하냐고 물으니 주부 종료 선언을 했단다. 존경스러웠다. 이틀째 나온 외국인 근로자 태국 부부에게도 인사를 한다. 이들은 방울토마토를 하는 인근 농가에서 4대 보험 가입에 월 200만 원 임금 조건으로 채용한 부부다. 아직 토마토 수확 철이 아니라 수입원이 없는 상태지만 급여는 지급해야 한다. 해서 일손이 필요한 다른 농가에 보내 그 일당으로 급여를 대신하는 것이다.

"어제 힘들지 않았어요?"

곰취 따기는 쪼그리고 앉아 고랑을 따라가며 하는 작업이라 며칠간은 온몸이 쑤시고 아프고 죽을 맛이다. 스물예닐곱 젊은 부부는 웃기만 한다. 아차, 유창한(?) 내 한국어를 못 알아들었구나 싶어 아픈 시늉을 하며 다시 물었다.

"예스터데이 아야, 아야?"

그제야 남편이 '여기도 아프고 저기도 아파요' 하듯 양쪽 어깨

보랏빛 마음자리 183

를 번갈아 두드리며 아픈 표정을 짓고 각시는 아하 그런 말이냐
는 듯 해사하게 웃는다.

틱틱틱틱, 딱딱딱딱 경쾌한 딱따구리 소리에 이어 꾸구 꾸꾸,
꾸구 꾸꾸꾸 멧비둘기가 운다. 해 질 무렵 공연히 찾아오는 서글
픔 같은 저 소리는 발정 난 수컷이 암컷을 찾는 소리다. 굵고 낮
게 가슴 밑바닥을 훑고 가는 듯한 구슬픈 구애 소리를 인간의 감
성으로 듣고 있노라니, 종족을 보존하려는 본능은 참 장엄하고도
슬픈 일인가 싶다.

깊은 산중 곰취 하우스에서 내 시간이 멈췄다. 도로를 달리는
경적과 골목의 뜀걸음 소리, 타닥타닥 키보드 두드리는 소리와
요란한 전화벨 소리 대신 새소리, 물소리를 듣고 있다. 이곳저곳
해찰하며 게으르게 산을 오르고 있을 봄을 마중하고 있다.

동생네 집에서도 산 하나를 넘어 한참을 더 굽이굽이 외길을 따
라 산속으로 달려야 곰취밭이 나온다. '방천리'라는 이곳은, 지금
은 폐교되었지만 그전엔 분교가 있었을 정도로 산골 중의 산골이
다. 이곳을 터전으로 동생이 곰취 재배를 위해 공들인 시간을 새
삼 헤아려 본다. 젊은 시절 컴퓨터 사업 하다 쫄딱 망해 몇 년을
사업 구상 한답시고 강으로 산으로 돌아다닌 시절이 있었다. 행

184 주황색 거짓말

여 나쁜 마음 먹을까 식구들이 애태우던 시간이기도 했다. 다행히 장뇌삼을 시작으로 몇 년 투자의 시간을 보내다가 전라도 어느 산에선가 이 곰취를 발견했다. 쓴맛이 강한 다른 곰취에 비해 달큰함이 높아 '달곰'이라고도 부르며 그 맛에 승부를 걸고 재배를 결정했다. 녹록지 않았던 씨앗 발아부터 재배, 수확, 판매까지 많은 시행착오의 시간이 푸른 곰취 이랑에 어른거린다.

올케 차를 타고 오가며 보니 이 외진 곳에 골을 따라 펜션, 농가주택, 컨테이너 농막 등 30여 가구가 있다. TV 프로그램「나는 자연인이다」영향인가 싶으면서 괜한 걱정을 한다. 한밤중에 급한 일이 생기면 어쩌나. 전기는 들어오는지, 와이파이는 터지는지 한참 오지랖을 펼치니 듣고 있던 올케가 걱정 말라며 웃는다. 자연에 기대어 단순하게 사는 것도 괜찮겠다는 생각이 든 건 곰취 따는 것에 의외로 재미가 붙으면서다.

왼손 중지, 약지, 새끼손가락을 그러모아 노란 고무줄 여러 개를 걸고 적당한 크기의 잎을 따 왼손에 모아둔다. 40~50장 정도가 되면 고무줄 하나를 당겨 곰취 줄기에 세 번 감아준다. 봄꽃보다 더 예쁜 곰취 다발이 자크르하게 완성되는 순간 뜬금없이 행복하다. 다음 할 일을 줄 세우느라 눈앞의 일에 집중하지 못하고

보랏빛 마음자리 185

늘 과부하 상태이던 머릿속이 잠잠해졌다. 먼 훗날의 걱정까지 당겨와 끌어안고 사느라 덜컥덜컥 내려앉던 가슴이 고요해졌다. 언젠가 참선 흉내를 내며 끊임없이 밀려드는 생각을 떨쳐낼 수 없어 좌절했던 적이 있다. 그런데 어떻게 하면 곰취 다발을 예쁘게 묶을까, 오직 한 생각에만 몰두할 수 있다니 이러다 곰취밭에 앉아 삼매에 들겠다. 시간이 가는지 오는지, 꽃이 피는지 지는지, 스마트폰 속엔 어떤 일이 벌어지는지, 밀키트만 잔뜩 있는 집의 두 부자父子는 밥을 먹는지 굶는지, 먼먼 다른 세상 얘기처럼 머릿속에서 휘발되었다. 이대로 시간이 딱 멈추면 좋겠다.

포장하던 올케가 태국 부부에게 쉬었다 하라며 과자 먹겠냐고 묻는다. 부부는 어정쩡하게 또 웃기만 한다. 초간단 언어 소통을 시도한다. "비스킷?" 하고 묻자 둘 다 고개를 흔든다. "그럼 쪼꼬렛?" 태국 각시가 활짝 웃으며 고개를 끄덕인다. "올케야 비스킷 노, 쪼꼬렛 오케이." 한바탕 웃음으로 노동의 고단함이 잠시 밭고랑에 내려앉는다.

시간은 뜀박질로 왔는지 어느새 하우스 문에 바투 서 있다. 오후 5시, 퇴근이다. 자려고 누우면 천장에 곰취가 둥둥 떠다니고, 동생네 집 거실 화초 이파리도 곰취로 보이는 내게는 아쉬운 퇴근이지만 태국 부부에게는 반가운 일이겠다. 세상 꿀맛이라며 점심때마다 곰취 쌈을 먹던 광명댁이 저녁에도 먹겠다고 파치 자루를 뒤적이자 올케가 상품上品 다발을 내민다. 골이 깊으니 해도 일찍 떨어진다. 서둘러 곰취 하우스 시간에서 나와 각자의 시간 속으로 스며든다. 신선계를 뒤로하고 다시 속세로 향하듯 왔던 길을 되짚어 내려간다. 이만큼 오기까지 애면글면한 동생 부부의 시간이 차창 풍경처럼 느리게 스쳐 간다.

어떤 자세

그즈음 나는 잠자리에서 다음커뮤니티 '미즈넷'에 올라온 글들을 즐겨 읽었다. 젊은 며느리들 시금치의 '시' 자도 싫다며 시댁일에는 쌍심지 켜는 얘기, 바람난 남편이나 아내 때문에 속이 썩어 문드러진다는 사연, 엄마나 아빠에게서 수상한 낌새를 챈 머리 큰 자식들의 고민 상담, 이별 후 마음 아파 절절매는 청춘들의 얘기, 부부간의 이러저러한 고민거리 등등. 우연히 한번 보게 된후 시나브로 중독되었다. 잠자기 전에 잠깐 보자 하던 것이 사연마다 감정이입이 되어 읽다 보면 한두 시간 넘기는 건 예사였다. 아침에 눈뜰 때면 모자란 잠에 지난밤의 행적을 후회하지만, 밤이 되면 손가락은 나를 끌고 사연 속으로 들어갔다. 그러던 어느날 한 사연을 읽다 오밤중에 웃음이 터져 눈물까지 흘려가며 끅끅거렸다. 아니 사연보다는 거기에 달린 댓글 하나에 빵 터진 웃음이었다.

결혼한 지 얼마 안 된 새댁이 올린 글이었다. 사연인즉슨 그 집 남편이 아무리 뭐라 하고 난리를 쳐도 자꾸만 혼자서 자기 고추를 조몰락조몰락 만진다는 것이다. 아내가 옆에 앉아 있어도 조몰락조몰락, 소파에 앉아 TV를 보면서도 조몰락조몰락, 어떤 때는 아내보고도 만져달라 한다고 너무 고민스럽다는 내용이었다.

신혼 시절, 나도 그 비슷한 고민을 한 적이 있었다. 잠잘 때 바지춤으로 손을 쑥 집어넣고 자는 남편 때문이었다. 홍알홍알 잠꼬대를 하며 조물딱거리는 모습에 환상이 깨지고 현실이 훅, 더운 김처럼 얼굴을 덮쳤다. 당혹감에 혼자 얼굴을 붉히고 고민했다. 보기도 민망하거니와 왜 그런 자세로 자는지 이해할 수가 없었다. 추워서 그런가 싶어 이불도 여며줘 보고, 슬그머니 손도 빼주고 해봤지만 소용없었다. 잠잘 때 그러는 것도 고민이었는데 그 새댁 신랑은 맨정신에 조몰락거린다니 얼마나 고민스러울지 짐작이 되었다.

프로이트의 '성적 발달 이론'의 발달 단계 중 주로 성기에 관심이 집중되는 시기로 특히 자신의 생식기에 관해 탐구하기 시작한다는 남근기는 3~6세이다. 그런데 성인 남성이, 그것도 아내가 옆에 있는데도 대놓고 이러는 건 어떤 심리일까. 여러 댓글이 달

렸다. 애정 결핍이다, 습관성이니 손목을 묶어둬라, 위생적으로
도 좋지 않으니 잘 말해서 버릇을 고쳐라, 스킨십 부족이니 많이
사랑해 주라, 전문가 상담을 받으라는 등의 댓글들에 고개를 끄
덕이며 한참을 읽어 내려가다 문제의 그 글을 발견했다.

'요가를 정말 열심히 하면 나중에 지 꼬추 지가 빨 수도 있을
걸요.'

맥락 없는 그 댓글에 나처럼 웃음보 터진 사람들의 웃음 기호가
셀 수 없이 달려 있었다. 나도 모르게 어깨너머로 본 요가 체위들
이 머릿속에 줄을 섰다. 어떤 자세로 해야 그것이 가능할지 상상
력이 샘솟았다.

요가를 시작한 지 1년이 넘은 무렵이었다. 빠지라는 살은 안 빠
지고 욕심에 무리했는지 팔만 빠질 듯 아파 그만두기로 하고 마
지막 수업을 받는 날이었다. 거의 막바지 순서인 쟁기 자세를 할
차례였다. 누운 자세에서 두 다리를 붙이고 손은 바닥에 댄다. 다
리를 90도로 들어 올린 다음 머리 위로 넘겨 발끝이나 발등을 바
닥에 닿도록 한다. 유연성에 따라 상체와 하체가 납죽하니 폴더
처럼 접힐 수도 있다. 그때 그 댓글이 떠오르며 어떤 생각이 무슨
깨달음처럼 뒤통수를 쳤다. 앗, 이 자세라면 가능할 것도 같다. 물

론 나에게는 없는 물건이니 완벽하게 실험할 수 없는 것이 아쉽긴 하지만 그 댓글이 터무니없는 것은 아니었나 보다. 혹시나 그때 그 새댁 신랑이 댓글을 봤으면 어쩌나, 쓸데없는 걱정에 피식 웃음이 났다. 머리 위로 넘긴 발을 허공으로 끌어 올려 어깨 서기를 한다. 흐트러지는 자세를 곧추세우려 애쓰며 허공에 둥둥 떠 있는 발끝을 보고 있노라니 댓글의 주인공이 의도했는지 아닌지는 모르겠지만 어쩌면 새댁에게 위로가 되었을 수도 있겠다 싶었다. 원론적인 고민 해결을 위한 명쾌한 답변은 아니지만 한바탕 웃고 나면 머릿속에 한 줌 여유가 들어갈 공간이 생기기도 하니까. 때로는 진지한 접근보다 농담 같은 웃음이 걱정으로 경직된 마음을 누그러뜨리기도 하니까. '그래, 요가를 정말 열심히 해서지 고추 지가 빠는 것보다는 그나마 저 혼자 조몰락거리는 게 낫지!' 하고 걱정을 살짝 덜어냈을 수도 있으니까.

내 글도 그랬으면 좋겠다. 깊은 사유를 풀어내고 감성을 어루만지고 진한 감동을 주는 고급진 글이 아닌 대신, 고단한 마음과 긴장한 몸을 잠시나마 느슨하게 풀고 재미난 농담 몇 마디 나눈 것 같았으면 좋겠다. 그 농담이 시간이 지난 후에도 문득문득 웃음 짓게 했으면 좋겠다.

보랏빛 마음자리 191

5부
파르스름한 욱

다른 사람의 신발을 신어보라

동거인

로제트 방식

맹자 조카

부스럼 딱지 내 살 되나

죽은 놈 머시기 만지기

다른 사람의 신발을 신어보라

현관문을 열고 자연스레 허리를 굽히려다 멈칫했다. 여기저기 중구난방으로 흩어져 있어야 할 신발들이 없다. 휑뎅그렁한 현관 한쪽에 녀석들이 두고 간 여름 운동화만이 멀거니 주인을 기다리고 있다.

오래전, 직장을 핑계로 유치원 겨울 방학 동안 시골 할머니 집에 가 있으라며 가기 싫다는 아이들을 억지로 떼어놓은 적이 있다. 녀석들이 없는 집은 조용했다. 아침에 정리해 놓은 그대로 손탄 흔적 없이 깨끗했고 치울 일 없어 편했다. 투닥거리며 싸우는 소리 듣지 않아 귀도 편했다. 하지만 두고 간 신발을 볼 때마다 무릎이 꺾이고 울컥울컥 목울대가 아팠다. 제 맘에 드는 캐릭터 운동화라고 겨울에도 굳이 여름 신을 신고 들락거리던 녀석들이었다. 그것도 가져간다는 걸 할머니 집은 추워서 안 된다고 간신히

파르스름한 욱 195

뺏어 던져둔 것들이다. 저 작은 공간에 아이의 몸을 온통 담고 가자는 대로 군말 없이 아이의 세상을 누볐을 터였다. 신발은 나를 빤히 올려다보며 제 주인이 왜 저를 찾지 않는지 묻는 것 같았다. 쿰쿰하면서도 새근한 발 냄새가 가득 밴 운동화를 끌어안으니 가슴속에서 후두둑후두둑 빗방울 떨어지는 소리가 났다. 며칠을 애면글면 눈물 바람 하다가 버스터미널로 향했다.

사람의 전부를 담고 신발은 가장 바닥에서 가장 무겁게 세상을 산다. 기쁨으로 통통 뛸 때, 힘겨움으로 터덜터덜 걸음이 느려질 때, 세상에 쫓기듯 내달릴 때, 기다림으로 동동거리며 제자리걸음 할 때, 신발은 바닥에 닿는 진동을 고스란히 견디며 몸에 새겨 넣는다. 그 사람의 내력을 온통 읽어 제 몸을 맞춘다. 그래서 똑같은 문수, 똑같은 모양의 신발이라도 신어보면 내 것인지 아닌지 주인은 틀림없이 찾아내는 것이다.

간혹 길거리에 나뒹구는 신발을 보면 마음이 처연해진다. 누군지도 모르는 주인을 생각한다. 어쩌다 신발을 잃어버렸을까. 무슨 사고라도 당해 신발 챙길 여유도 없었던 걸까. 서로가 찾지 못할 사연이라도 있는 걸까.

유실물이라는 이름을 달고 보도 자료를 떠도는 신발들을 봤다. 그날 그 참담한 현장에서 온몸으로 바닥을 견디며 어떻게든 주인을 벗어나지 않으려 애쓰다 처참한 모습으로 일그러진 신발들이다. 양쪽 다 온전하게 수거된 신발은 256켤레고 한 짝만 있는 신발은 66점이라 한다. 얼마나 급박한 상황이었는지 내 의지로 벗으려고 해도 쉽지 않은 무릎 높이의 부츠도 있다.

그저 보통날인 하루였다. 소소한 즐거움으로 하루를 채워 다른 아무 날에 추억하는 힘으로 살려고 나섰던 하루였다. 마음껏 걷고 즐기리라 편안한 운동화도 나왔고, 오늘은 내가 주인공이니 멋 좀 부릴까 아껴둔 구두도 또각또각 거리로 나왔다. 동네 마실 나가듯 크록스 슬리퍼도 따라 나왔고, 짧은 치마에 잘 어울리는 차림으로 현관문을 활짝 열고 나온 패션의 완성 부츠도 있었다. 화려하고 이색적인 거리 곳곳을 누빌 생각에 신발은 마냥 들뜨고 즐거웠을 것이다. 축제가 끝나면 채 식지 않은 여흥을 안고 노곤한 발걸음이 내 집 현관까지 이끌 것을 어느 누가 의심이나 했을까.

밟히고 찢기고 부딪치고…. 상처투성이 주인 모습 그대로 그날 그 골목에서 한 무리의 신발들은 주인을 잃었다. 가방이나 옷처럼 셀카에 등장하는 것도 아니고 전신사진이라 해도 신발의 온 모습까지 찍는 경우는 별로 없어 유족 품에 안기기도 쉽지 않아

파르스름한 욱 197

보인다. 주인 없이 처참한 모습으로 그날의 참상을 그대로 알려주는 듯 나란히 바닥을 지키고 있는 신발 앞에서 부모는, 형제는, 친구는, 우리는 어떻게 견뎌야 하나. 혼자서는 아무 데도 갈 수 없는데 주인은 왜 돌아오지 않는지. 화면 속 신발들은 제 주인이 왜 저를 찾지 않는지 내게 묻는 것 같았다. 서울 한복판 거리에서 신발 없는 맨발이 소실점으로 사라진 이 괴이하고 비현실적인 상황을 어떻게 설명해야 할까.

언제든 성큼 데리러 갈 수 있는 할머니 집에 잠시 아이를 떼어놓은 적이 있는 엄마는 그조차도 후회하지는 않을지. 자잘한 잘못 정도는 그냥 둘 걸. 남아 있는 날들이 숱했으므로 사소한 것 하나라도 자라는 길에 잘못될까 야단치고 혼낸 일들이 낱낱이 떠올라 가슴 치며 통곡하지는 않을지. 제 꿈을 향해 옹골차게 아르바이트 전선을 누비던 아이를 보낸 부모는 배경이 되어주지 못한 내 잘못인 양 자책하지는 않을지. 두 눈을 마주할 수 있는, 그 몸의 온기를 느낄 수 있는 물리적 거리가 사라져 버린 자식을 안고 부모는… 숨도 제대로 못 쉴 것이다.

유실물이라 불리는 신발을, 옷을, 가방을 볼 때마다 집 나설 때로 되돌리고 싶은 통한의 울음이 들리지 않는 귀는 사람의 귀가 아닌가. 보행이 금지된 것도, 가지 말라는 위험 경고를 한 것도 아닌 거리다. 누가 걸어도 안전하게 걷다 집으로 돌아가야 할 거리다. 희생자를, 피해자를 탓하는 여러 떠도는 말이 비수가 되어 생존자와 유족의 가슴을 찔러댄다. 기괴한 인간상을 볼 때마다 '다른 사람의 신발을 신어보라'는 서양 속담이 떠오른다. 역지사지, 입장 바꿔 생각해 보라는 말일 것이다. 다른 사람의 신발을 신으려면 우선 내 발에 익숙하고 내 세계를 단단히 감싸고 있는 내 신발부터 벗어야 한다. 그러고는 제각각 다른 무게와 보폭, 다른 길을 딛고 산 타인의 신발 속에 발을 넣고 그 굴곡을 가늠하고 이해해 본다. 고착된 생각과 시선으로 제 신발 속 세계만 고집하는 자들에게 꼭 필요한 속담이지만 그들의 귓등에나 닿을지.

하지만 신어보지 않아도 단박에 바닥의 고통을 알 수 있는 신발이 있다. 그들도 보았을 테다. 죄 끈이 풀린 채 구겨지고 더럽혀져 까만색으로 변한, 가죽이 벗겨진, 혈흔으로 붉게 얼룩진, 그리고 제 짝을 잃고 '홀 66'이라 표시된 한 짝만 남은 신발들. 할 말을 삼키고 허공을 향해 입 벌린 채 긴 기다림의 그림자만 품고 있어야 할 신발들. 눈으로만 봐도 알 수 있는 그날 그 비극을 향해, 남은 사람들의 심장을 향해 함부로 입으로 칼날을 내뱉지 말아야 할 것이다.

파르스름한 욱 199

동거인

일 년에 두어 번, 아버지는 마산에 있는 큰집에 갔다. 아버지가 없는 밤이면 엄마는 잠자리에 누워 노래를 했다. 목청이 좋은 엄마는 흘러 흘러 어린 내 귀에까지 온 옛 노래를 참 구성지게도 불렀다. 내일 아침 외워가야 할 동시도 잊고, 풀어야 할 산수 문제도 잊은 채 엄마 옆에 가만히 누워 노래를 들었다. 문패도 번지수도 없는 주막에 궂은비가 내리면(「번지 없는 주막」, 노래 백년설) 애절하겠구나 상상했고, 연분홍 치마가 봄바람에 휘날리는 언덕을 (「봄날은 간다」, 노래 백설희) 무시로 오르내렸다. 목숨보다 더 귀한 사랑이건만 맺지 못할 운명은 어떤 운명인가(「님」, 노래 박재란) 막연히 짐작해 보면서 막차가 다녀간 지 한참인 것을 알면서도 새벽이슬이 내리도록 아버지를 꿈결로 기다렸다. 온다는 날도 아닌데.

약속한 날에서 하루 이틀 늦을 때도 있었지만 아버지는 돌아왔다. 큰집 제사 얘기며, 나는 본 적도 없는 친척들 얘기가 오가고 나면 잠깐 적막감이 돌았다. 말을 참고 있는 건지, 하고 싶지 않은 건지 아버지가 헛기침을 하며 딴청을 부리면 엄마는 어렵사리 누군가의 안부를 물었다. 아버지 입에서 그 누군가의 얘기가 나오면, 엄마는 또 누가 들을세라 목소리를 한껏 낮추고 잔뜩 날을 세워 선명하지 않은 말들을 쏟아냈다. 어떤 감정이 목울대를 누르는지 간간이 터져 나오는 한숨 소리는 사뭇 떨렸다. 그런 날 엄마 손에는 어김없이 싸구려 담배 한 개비가 들려 있었다.

마산에 있는 큰집은 보통의 큰집만이 아닌 뭔가 심상치 않은 큰집이란 느낌이 어렴풋이 그려졌다.

그 느낌이 실체로 잡힌 건 중학교에 진학하고 나서 학교에서 제출하라는 주민등록등본을 보고 나서다. 짝꿍 엄마의 이름 옆에는 '처'라는 단어가 있었는데 내 등본에 엄마는 '동거인'이었다. 본능적으로 움츠러들었다. 이게 무슨 뜻이냐고 엄마한테 따져 물어볼까 했지만 그러지 않았다. 아버지가 마산에 가고 나면 깊어지던 엄마의 한숨이 귓가에 맴돌았다. 돌아온 아버지를 보고도 한동안 그늘진 뒤란 한 귀퉁이에 동그랗게 어깨를 말고 앉아 있던 엄마의 등이 어른거렸다. 그 떨리는 손끝에 꺼질 듯 말 듯 위태롭게 매달려 있던 담뱃불이 생각났다.

무리에 있는 이들과 뭔가 다르다는 불안이 가슴속으로 파고들었지만 내색하지 않았다. 바람피우는 내용의 드라마나, '첩'이 등장하는 사극은 다음 날 친구들 사이에서 화젯거리가 되었다. 아무렇지 않게 입을 보태 드라마 속 그 여자의 뒷담화에 열을 올렸지만, 마음 한구석에서 자꾸 엄마가 고개를 내밀었다. 어쩌다 엄마와 함께 드라마를 보다 그런 내용이 나오면 나는 없는 숙제를 찾아 가방을 뒤적거렸다. 수업 시간에 홍길동에 관한 얘기를 들을 때도 홍길동의 활약보다는 그의 태생에 생각이 오래 머물렀다.

결혼하기 전날 조심스럽게 물었다. 엄마는 왜 아버지랑 사냐고. 안 살려고, 아버지를 떠났었다고 했다. 마산에서 양계장을 크게 하던 아버지 일이 망가지자 본댁과의 관계는 더 얼크러진 실타래가 되었고, 엄마는 세 사람의 인연을 끝내자 싶어 올망졸망 아이 셋을 데리고 마산을 떠났단다. 그 사이 애를 뭐 셋씩이나 낳았냐고 엄마를 놀렸다. 마침 군인 가족인 이모가 있던 화천은 마산에서 최대한 먼 곳으로 가고 싶은 엄마 마음의 최적지였다. 그해 겪은 화천의 첫 겨울을 말하며 엄마는 진저리를 치기도 했다. 그렇게 반년이나 지났을까, 아버지가 물어물어 찾아왔다. 엄마와 헤어진 이후 아버지는 본가로 돌아가지 않고 망가진 사업을 회복해보려고 서울로 가 공사판을 떠돌며 온갖 일을 했다. 그때 돈으로 30만 원 정도를 모아 옷 가방 안쪽 밑에 보관하고 있었는데 누군가 홀랑 들고 가버렸다. 상거지가 되어서 엄마를 찾아온 아버지를 내치지 못하고 살다 보니 나를 비롯해 밑으로 동생 둘을 더 낳아 육 남매를 만들었다.

때때로 동거인으로 사는 세월이 부질없고 허망해 팔자 도망하고 싶을 때가 여러 번이었지만 자식 두고 갈 수가 없어 그냥저냥 산다고 했다. 가지 그랬냐고 했다. 자식이야 자식 인생이고 한 살이라도 젊었을 때 엄마 인생을 찾아가지 그랬냐고. 모든 것을 다 감수하고 살 만큼 아버지가 그렇게 잘해주는 것도 아니지 않냐고. 아니 잘해주기는커녕 나이 차 때문인지 뭘 해도 엄마를 미덥지 않아 하고, 사사건건 간섭하고 가르치려는 아버지 성정은 때때로 지켜보는 나까지 지치게 했다. "니도 인자 자식 낳고 살아봐라. 인연이란 것이 맺기도 어렵지만 끊기는 더 어려운 기다."고 엄마가 또 한숨을 달고 말했다.

살면서 일이 잘 안 풀려 답답할 때 엄마를 원망한 적이 있다. 남의 눈에 피눈물 나게 한 엄마 탓에 자식들 인생이 제대로 피지 못한다고 화살을 돌렸다. 자식은 핑계일 뿐, 진작 엄마 스스로 청산했어야 할 삶이라고 원망을 키웠다.

한동안 여자의 인생에만 등장하는 '첩'이라는 단어를 골똘히 생각했다. 처자식이 있음에도 다른 여자를 탐해 그 인생을 날려버린 남자 잘못일까, 그런 남자를 거절하지 못하고 발목 잡힌 여자 잘못일까. 처음은 사랑이었을까. 사랑이었다면, 이루지 못할 꿈속의 사랑을 욕심껏 이룬 사랑이었다면 그 사랑은 대체 어디로 간 것일까. 어디로 갔기에 엄마가 터 잡은 땅은 늘 가풀막이었을까.

인생은 타이밍이다. 바로 잡을 타이밍을 놓쳐 하루 이틀 그 상태로 흘러가다 보면 그 또한 일상이 되어버린다. 그 일상이 켜켜이 쌓여 무덤덤하게 흐르는 사이 아버지가 떠났고 얼마 후에 큰엄마도 떠나버렸다. 이후 엄마는 같이 사는 자식의 동거인이 되었다. 아버지는 알까. 복용 약에 변동이 없는 처방전은 자식이 대신 받아 올 수 있는데, 그 간단한 일도 노쇠한 엄마가 일일이 움직여야만 하는 물리적인 불편함을. 아니, 처방전도 없이 긴긴 인생 잠식당한 동거인의 삶을. 아버지 살아생전 정리가 쉽지 않았다면 큰엄마보다 조금만 더 살다 가시지. 이도 저도 아닌 채 어쩌자고

긴 세월 모두에게 상처만 주고 당신 먼저 휑하니 가버렸을까.

　호적에 이름 한 번 올리는 원顯으로 살았어 여름 꽃밭 같던 시절
도깨비불에 홀려 밤길 걷듯 밤살이로 평생이 저물어 가니 한 번은
그래도 될까 싶었지

　때때로 본댁의 몽니는 어찌 그리 살차던지 손가락 빗질에도 한 움
큼 머리털 빠지는 날은 성님, 성님 송화 가루같이 헤픈 웃음으로 속
내 동여매고 유감없이 후려치는 매질에는 드나는 자리 태날까 숨조
차 빌린 듯 국으로 엎드려 살았어 그러거나 말거나 까막까막 산머
루 알 같은 눈망울이 늘어나고 사는 거처럼 산다 싶을 때도 있었지
만 노냥 봄날일라고

　속 창시가 미꾸라지 소금 홑쳐놓은 거처럼 먹은 맘 없이도 용천을
떨어대는 날이면 잡지 마라 잡지 마라 나는 갈란다 서울 가 식모살
이한들 이보다 더 추레할까, 치맛단 말아 쥐고 삽작문 먼지 풀썩이
며 팔자 도망하다가 막둥이 울음소리는 저승까지도 따라온다더라
누가 묻기나 했나 혼자 답하고 하냥 주저앉았지 간다간다 애 셋 낳
고 간다더니 옥실옥실 여섯을 낳고도 못 간 거야

　호적에 이름 한 번 올리는 게 뭐라고 장맛 국맛 다 알고 나니 사람
을 노나서 산다는 건 노상 길 위에서 사는 거나 같은 거였어 아침이

면 소슬한 웃음 흘리는 달맞이꽃처럼 말이야

언젠가 엄마 생각하며 썼던 「달맞이꽃」이란 시를 들려준 적이 있다. 귀가 어두워 잘 듣지도 못하면서 엄마는 덮어놓고 잘 썼다고 했다.

"엄마, 이 시 누구 얘긴지 알아? 엄마 얘기야, 엄마 얘기."

엄마 귀에 바짝 대고 큰 소리로 말했다.

"나? 내가 달맞이꽃이야? 팔자 도망 안 하고 키워놓으니 좋네. 엄마를 꽃이라 해주고."

시는 '달맞이꽃'이지만 현실은 '동거인'인 늙은 소실의 입가에 소슬한 미소가 머물렀다.

로제트 방식

잘 모르겠습니다. 왜 그 부분에서 딱 멈췄는지. 한 글자도 나아갈 수 없었습니다.

빈방에는 아무것도 없었어요. 읽을 생각도 없었지만 읽을거리도 주지 않았고 면회도, 도서 차입도, 접견도 일절 금지된 밀봉 상태였거든요. 그렇게 한동안 보내면서 인간이 고통 속에서도 절망하지 않을 수 있는 게 뭘까를 생각하게 되었습니다. 읽었던 많은 책, 아름다웠던 장면과 슬픈 장면을 다 떠올렸으나 그것으로는 위로가 되지 않았습니다. (임헌영·유성호 대담, 『문학의 길 역사의 광장』 354쪽, 한길사)

임헌영 교수의 치열했던 개인사와 당대 문학사, 정치사 전반의 이야기를 유성호 문학평론가와의 대담으로 정리한 『문학의 길 역사의 광장』을 읽고 있었습니다. 1974년 1월 '문인간첩단 사건'에 연루되어 그 악명 높은 서빙고 분실에서 온갖 비인간적인 폭력과 고문을 당하고 서대문 구치소로 이송 수감됐을 때의 상황을 설명한 부분이었습니다. 분노, 안도, 위로, 먹먹함이 뒤섞인 감정이 울컥 올라왔습니다. 쓰고 있던 돋보기를 벗어 던지고 손으로 얼굴을 가렸습니다. 한참 두 눈을 꾹꾹 누르는데도 눈물이 멈추지 않았습니다.

서른세 살, 초강초강한 얼굴에 키가 크고 야윈 청년 하나가 차가운 시멘트 바닥에 덩그러니 앉아 있었습니다. 유리도 아닌 얇은 비닐로 막은 창으로 겨울 찬 바람이 몰아쳐 찢어진 비닐이 마구 펄럭거리기까지 합니다. 물리적으로 정신적으로 무자비했던 고문의 흔적이 역력하지만 "인간이 고통 속에서도 절망하지 않을 수 있는 게 뭘까를 생각"하는 그 눈빛만은 형형한 채입니다. 진구렁에 빠졌어도 그 모습만큼은 결곡합니다. 나는 어느 해 겨울, 낮은 자세로 살을 에는 추위와 맞서던 어떤 식물이 떠올랐습니다.

유난히도 추운 겨울이었습니다. 2층에 있는 집으로 올라가는 계단이 깎아지른 절벽만큼이나 가팔라 보였습니다. 다니던 직장을 접고 대출까지 내서 가게를 시작한 지 3년이 돼가고 있었습니다. 그동안 제대로 된 수익은커녕 가게에서 발생하는 고정비용까지 더해 오히려 지출만 늘어갔습니다. 돌려막기는 기본이고 카드 대출에 아이들 청약저축도 해약해 써야 할 만큼 상황은 막판으로 치달았습니다. 빚은 집채만 한 부피감으로, 질주의 속도감으로 다가왔습니다. 숨이 막혔습니다. 주변 사람들이 모두 돈으로 보였습니다. 어떻게 돈을 빌릴까, 셈속 했습니다. 그마저도 다 막혀버리자 아침에 눈 뜨기가 두려웠습니다. 가게를 접으려면 당장 사업자 대출을 갚아야 하니 마음대로 접을 수도 없었습니다. 망한 가게가 이번이 처음이 아니라 염치가 없어 남편에게 말도 꺼낼 수 없었고 꺼내봐야 별 뾰족한 수도 없었습니다.

어떤 방법으로 아침을 맞지 않을까 고민했습니다. 야박하게도 아이들에 대한 걱정도 희망 크기에 비례하더군요. 기억 속에 있던 고단했던 날들이 삐죽삐죽 고개를 드니 빈 마음에 들이치는 겨울바람을 막아낼 재간이 없었습니다. 그 밤을 마지막으로 할까, 남몰래 결정 중이었습니다.

계단 아래 망연히 앉아 있는데 옆집과의 담벼락 아래 깨진 시멘트 바닥을 뚫고 죽은 듯 납작 엎드린 풀포기가 보였습니다. 얼핏 보기에도 엄동에 꽁꽁 얼어붙은 듯했습니다. 죽지도 못하고 살지

파르스름한 욱 209

도 못하는 내 처지인가 싶어 쪼그린 걸음으로 다가갔지요. 퍼석
하게 죽은 것처럼 보였는데 살아 있었습니다. 아이들 어릴 때 생
물 사전에서 본 기억이 떠올랐습니다. 그래, 로제트 방식. 바람과
추위를 견디기 위해 땅바닥에 바짝 엎드려 겨울을 나는 식물이
있었지. 차가운 바람을 막고 햇빛을 한 톨만큼이라도 더 받으려
는 생존의 분투로 땅에 붙은 듯이 사방으로 잎을 내보내고 있었
습니다. 로제트란 바닥에 들러붙은 잎이 넓게 장미 모양으로 펼
쳐져 있어 붙여진 이름이라지요.

문득 군대 간 큰아들이 생각났습니다. 여친이 없어 늘 엄마에게
전화하는 아이. 엄마가 없으면 누구한테 전화할까. 전화기를 들
고 아이는 무슨 생각을 하게 될까. 그제야 어떻게든 견뎌야 한다
는 생각이 들었습니다. 한갓 식물도 살아내기 위해 최대한 키를
낮추고, 차고 건조한 지면 위로 잎을 덮어 뿌리를 보호하는데 말
입니다. 이파리 색은 광합성 효율을 높이기 위해 초록을 버리고
보랏빛이나 갈색을 띠고 죽은 듯 혹한을 살아낸다는데 말입니다.
나는 그 후 로제트 방식으로 겨울을 나는 민들레, 냉이, 달맞이꽃
등이 예사로 보이지 않았습니다.

그리고 지금 『문학의 길 역사의 광장』에서 또 한 포기 로제트 방식으로 앉아 있는 청년을 발견했습니다. 내가 겪은 그 겨울의 절망감은 감히 비교할 수조차 없는 절대 절망이 엄혹하게 뿌리를 위협했을 겁니다. 그런데 절망하지 않을 방법을 찾아 키를 낮추고 생각을 사방으로 넓게 펼쳐 광합성 작용을 하고 있었습니다. 식물의 광합성은 당분 함량을 높여 동상을 막는 부동액 역할을 하여 잎이 얼지 않게 한답니다.

로제트 식물은 독특한 방식으로 겨울을 이겨낸 만큼 다른 식물보다 빨리 이른 봄에 꽃을 피우고 열매를 맺습니다. 그리고 가을에 또 한 번 꽃을 피운답니다. 나는 그 청년이 이후 악조건 속에서도 얼마나 많은 꽃을 피우고 열매를 맺었는지 알고 있습니다. 참 아프고도 다행한 로제트 방식 이야기였습니다.

맹자 조카

한 유튜브 채널 운영자가 '돈 달라며 때리셨던 담임 선생님을 찾는다'라는 제목의 영상을 올려 화제가 된 적이 있다. 초등학교 시절 촌지를 주지 않았다는 이유로 선생님에게 인격 모독과 폭행을 당했다는 내용이었다. 손꼽아 보니 내 어린 시절로부터도 한참이나 지난 시기였다. 지독한 생명력이다. 그 비슷한 경우를 겪은 댓글들이 여럿 달렸다. 기억 저편에서 휘익 소소리바람이 불어왔다.

열 살 아이 걸음으로 점심시간에 집에 가서 밥을 먹고 온다는 건 처음부터 무리였다. 군락을 이루고 있는 아랫마을에 집이 있다면 가능할 수도 있지만, 우리 집은 마을에서 골짜기를 거슬러 한참을 더 올라가야 했다. 외딴집에는 일곱 살, 네 살 난 남동생

둘이 있었다. 남의 집 품삯 일로 종일 집을 비워야 했던 엄마가 점심시간이나마 잠깐 동생들을 챙겨달라고 했을 것이다. 지금 같으면 아동 방치, 아동 학대 등 범죄가 될 일이지만 그때는 예사로 있는 일이었다. 뜀걸음으로 달려가 동생들 챙기고 허겁지겁 식은 밥 한술 먹고 바로 돌아서 진동한동 뛰어도 될까 말까 한 시간이었다.

"누나, 누나! 같이 가. 나도 델꾸 가." 발음도 서툰 네 살짜리 막냇동생이 또 따라나섰다. 녀석을 떼놓으려 전속력으로 달리다 바투 쫓아오는 울음소리가 발길에 걸려 돌아봤다. 녀석은 저만치에서 울며불며 결사적으로 따라오고 있다. 집에 가라고 발을 구르며 종주먹을 쥐면 그 자리에 뚝 멈춰 섰다. 이제는 집에 가겠거니 하고 돌아서서 뛰면 또 으앙 울며 따라왔다. 집에 가지도 않고 바짝 다가오지도 않고 애만 태우는 딱 그만큼의 거리를 두고 대치 아닌 대치를 하느라 시간은 자꾸 지체됐다. 낮고 굵직한 멧비둘기 소리에 선생님의 냉담한 얼굴이 떠올랐다. "어제도 늦어서 선생님한테 누나 혼났다고 했잖아!" 왈칵 울음이 터졌다. 녀석은 더 크게 울었다. 할 수 없이 어르고 달래 녀석을 업고 집에 데려갔다. 일곱 살 제 형에게 녀석을 꼭 안고 있으라 당부하고 학교로 갔다.

이미 오후 수업은 시작했다. 교실 문을 열기까지 문밖에서 망설이는 동안 두려움과 미안함에 숨이 멎을 것만 같았다. 왜 늦었냐는 물음에 "동생이…." 대답이 끝나기도 전 담임은 작대기부터 집어 들었다. 손 들고 서 있는 체벌 정도면 충분할 거 같은데도 담임은 어떤 날은 뺨을 후려치고 어떤 날은 매를 들었다. 매를 드는 날은 긴 막대기로 복숭아뼈 있는 발목 부분을 때렸다. 뺨을 맞는 날은 모멸감에, 맞은 쪽뿐만 아니라 온 얼굴이 붉게 타올랐다. 차라리 불타 없어졌으면 좋겠다는 생각도 했다. 막대기로 맞을 때는 정말 발목이 부러진 것 같은 통증에 그 순간은 아무 생각도 할 수 없었다. 자축거리는 다리를 끌고 자리로 가 앉으면 온몸에 열이 오르고 약이 바짝 올랐다. 이게 이렇게까지 맞을 일인가. 내가 군인 가족이었다면 어땠을까. 적어도 맞는 일은 없을 거라 확신했다. 엄마한테는 맞았다는 말도, 동생 보러 점심시간에 안 오겠다는 말도 하지 않았다.

화천은 군인이 많은 지역이었다. 따박따박 들어오는 월급으로 사는 군인 가족은 엄마에겐 부러움의 대상이었다. 선생님들 역시 그 아이들에겐 너그러웠다. 그들의 엄마는 예쁜 차림으로 학교에 자주 나타났고 그럴 때마다 나는 선생님의 눈빛을 살폈다. 나는 한 번도 마주한 적 없는 담숙한 눈빛이 그 아이들에게 향했다. 육

성회비 언제까지 낼 거냐고 잡죄는 눈빛에 익숙한 그 밖의 아이
들은 뭔지 모를 소외감을 저절로 체득했다. 나는 자꾸 어깨가 수
그러들었다. 학교를 그만두고 싶은 생각이 종종 들었다.

  이러구러 5학년이 되었다. 그날도 학교 변소에 쪼그려 앉아 학
교를 그만둘까 고민했다. 군인 가족이 아닌 이상 아무리 공부를
잘해도 이번 담임 역시 내 눈길 너머에 있을 것이었다. 얼굴이라
도 예쁘다면 승산이 좀 있을 텐데, 묘수인 양 생각하다 서둘러 머
리를 흔들었다. 그건 군인 가족 되는 것보다 더 힘든 일이란 걸 아
침에도 거울 속에서 확인했기 때문이다. 눈을 위로 올렸다가 옆
으로 찢었다가 코를 들었다가 나온 입을 밀었다가 해봤지만 소용
없었다.

  "헤이, 맹자 조카. 일어나서 대답해 봐."

  느닷없는 선생님 호명에 누굴 말하는 건지 모두 어리둥절했다.
선생님과 눈이 딱 마주쳤다. 설마, 나? 사회 시간이었고 선생님은
역사 퀴즈를 냈다. 국어 다음으로 역사를 좋아했던 나는 그 정도
퀴즈야 껌이었다. 손 들어봤자 지목하지 않을 거란 생각에 앉아서
답을 툭툭 내뱉었다. 손 들지 않고 말했다고 혼내려는 건가? 2년
전 악몽이 떠올랐다. 도망갈까. 이대로 도망가면 학교는 이제 끝

파르스름한 욱 215

일 텐데. 뭐, 어차피 때려치려고도 했었잖아. 엉거주춤 일어나는 동안 발 하나를 책상 옆으로 뺐다. 그런데 '맹자 조카'라니. 칭찬일까 욕일까. 귓등으로 들어본 '맹자 왈, 공자 왈'을 떠올리니 나쁜 뜻은 아닐 성싶었다. 도망가더라도 뜻은 알고 가야 했다.

"권맹희, 제법 똑똑하네. 맹희니까 이제부터 맹자 조카 해라."

내 본래 이름 '명희'를 장난스럽게 '맹희'라 부르거나 맹하다고 놀리는 친구들은 더러 있었다. 그런데 그 '맹'이 '맹자'와 무슨 관련인가 의아했지만 싫지 않았다. 하늘 향한 입꼬리를 양손으로 감싸며 내놓은 발을 다시 책상 안으로 쓰윽 들여놨다.

관심받고 싶은 욕구에 목말라 있었다. 눈여겨봐 줄 대상을 찾아 집에서도 학교서도 뱅뱅 맴돌았다. 겉으로는 아무 일 없는 척 얌전한 모범생이었지만, 존재감을 인정받지 못한 아이는 내면에 불안을 키우고 있었다. 내세울 그 무언가를 위해 공부에 매달리기도 했다. 그것마저 소용없는 좌절로 결과지를 내밀 때는 세상이 시들했다.

'맹자 조카'란 별명은 아이를 반짝반짝 빛나게 했다. 해진 고무신과 낡은 책가방으로도 당당했다. 아버지가 군인이 아니어도 괜찮았다. 가난한 집도 부끄럽지 않았다. 엄마한테 자주 선생님 얘기를 했고 많이 웃었다. 엄마는 헤프게 너무 웃지 말라 지청구하면서도 싫지 않은 듯했다. 차별과 무시로 서걱서걱 모래밭 같던 마음 토양이 비윤해졌다. 5학년 내내 학교 가는 길엔 등에 날개가 달린 것만 같았다.

선생님을 찾는다는 청년 유튜버가 얼마 후 해당 선생님으로부터 명예훼손으로 고소당했고 그 후 징역 2년을 구형받았다는 후속 기사를 봤다. "선생님은 (이번 일로) 모르는 사람들에게 비난받는 게 가슴 아프고 힘드시겠지만, 저는 아무것도 모르던 열 살때 지금 선생님의 심정 몇 배로 갈기갈기 상처를 받았다."는 유튜버의 말을 여러 번 곱씹었다. 명예훼손이 인정되었다고 유튜버의 말이 거짓이란 말은 아니다. 명예훼손이란 것이 '사실을 말했다 하더라도 여러 사람이 인지할 수 있는 환경에서 상대의 명예에 피해가 갈 것을 인지하고 있었다는 등의 이유가 있으면 죄가 된다.'라고도 하니까.

40년 넘은 세월이 흘렀지만 나도 가끔 그때 기억에 아플 때가 있다. 생각해 보니 아직 주변 누구에게도 그때 당한 폭력을 말한 적이 없다. 5학년 때 담임이 아니었더라면 오래도록 마음 바닥에 주저앉아 있었을지도 모른다. '맹자 조카'란 별명은 내게 위로였고 치료제였다. 세상을 바라보는 다른 창이 되어주었다.

파르스름한 욱 217

제때 치료하고 돌봐줘야 할 상처를 오랜 세월 아무도 들여다보지 않았을까. 청년의 말이 사실이라면 상처는 저 음지에서 몸피를 키우다 끝내 곪아 터져버린 것이 아닐까. 폭력에 무방비로 당한 상처는 살성이 나빠서 치료가 쉽지 않다. 아물었다 싶어도 부스럼 딱지 한 조각이 살점을 물고 떨어지지 않아 다시 생살을 찢어놓는다. 처음으로 돌아가 그날을 마주하고 잘못을 인정하는 사과라도 받으면 혹 모르겠다. 가장 마음 낮은 곳에서 우러나온 "미안하다."는 한마디 듣는다면 밟히고 뭉개진 존엄이 제 가치를 회복할 수 있을지도 모르겠다. 어쩌면 그날에서 다시 시작할 수 있을지도 모르겠다. 평생을 품고 산 사람도 있는데 딱 한 번, 그날로 돌아가기 그리 어려운 일일까.

부스럼 딱지 내 살 되나

　두근두근, 법정 문을 열 때면 나도 모르게 가슴이 뛴다. 상대방 측이 제발 출석하지 않기를 바라며 조심히 빈자리에 앉는다. 진행 중인 소액재판 사건번호를 엿들으며 휴대폰을 본다. 법정 밖에서 찍어 온 재판 순서 사진을 보고 내 순서를 가늠한다. 법정 안의 공기는 흐린 날 일산화탄소처럼 무겁게 내려앉아 있다.

　"아, 아, 그만. 됐어요. 그 얘기가 아니잖아요. 그만 말해요!"
　누군가 판사에게 혼쭐이 나고 있다. 채권자다. 즉, 받아야 할 돈을 못 받은 사람이다. 한층 부풀었던 어깨가 푹 꺼진다. 상대적으로 채무자의 뒷모습이 당당해 보인다. 돈은 앉아서 주고 서서 받는다더니 법원까지 나와서도 빌려준 사람이 쩔쩔매는 모습에 공연히 체기가 느껴진다. 알지도 못하는 채무자의 뒷모습을 눈이

파르스름한 욱　219

찢어져라 혼자서 노려본다. 재판까지 올 정도면 얼마나 할 말이 많겠는가. 문서 몇 장으로 억울한 저간의 사정이 어떻게 다 설명되랴. 서류상 뭔가 아귀가 맞지 않는지 판사가 질문한다. 채권자는 또 주절주절 돈을 빌려줬을 때부터의 사연을 늘어놓는다. 빌려준 돈을 나눠 받는 과정에서 둘의 금액이 맞지 않고 약속도 지켜지지 않는 모양이었다.

"그만요, 그만! 묻는 말에만 대답하라고요. 지금 뒤에 사람들 안 보여요? 저 사람들 다 기다리고 있는데 계속 혼자만 말할 거예요? 한번 돌아봐요."

조마조마하게 지켜보고 있는데 역시나 또 판사의 불호령이 떨어진다. 그러고는 조정을 권한다. 내키지 않아 하는 채권자의 태도에 판사의 설득이 이어진다. 마지못해 채권자가 일어선다. 법정 밖으로 가서 조정을 위한 의견을 나누기 위함이다. 얼굴에 열꽃이 핀 듯 붉다. 뒤이어 채무자가 따라 일어선다. 코끝이 빨갛다. 갚으려고 애를 쓰는데 형편이 여의찮았던 것일까, 조금 전 째려본 것이 공연히 미안해진다.

아파트형 공장, 상가, 기숙사가 혼합된 지식산업센터 관리사무소에서 일하다 보니 미납관리비 문제로 이따금 법원에 오게 된다. 전화, 문자, 내용증명 등 온갖 방법으로 독촉하고 단전, 단수의 협박 아닌 협박까지 하다가 그래도 내지 않으면 법적 조치를 취한다. 소액재판청구나 지급명령신청 중, 법원에 오지 않고 비교적 이른 시일 내 판결을 받을 수 있는 지급명령신청을 한다. 그러나 가끔 이번처럼 채무자가 이의신청하면 정식 소송으로 이행이 되며 변론기일이 잡히고 법원에 출석해야 한다.

사건번호 2017가소0000. 내 차례다. 마른침을 삼킨다. 상대방의 출석 여부에 촉각을 곤두세우고 원고 자리에 앉는다. 개인 돈이 아니니 금액 조정은 할 수도 없다. 채무자 측에서 말도 안 되는 주장을 하면 뭐라 답변해야 하나, 공연히 여러 말 하다 판사에게 면박이나 당하지 않을까, 그 짧은 시간에 온갖 생각이 머릿속에 엉키며 가슴이 쿵쾅쿵쾅 제멋대로 뛴다. 몇 번 호명이 되어도 대답이 없다. 불출석인 모양이다. 승소 판결을 받고 법원을 나선다. 이의신청까지 해놓고 왜 나오지 않았을까. 막상 법원에 출석하려니 겁이 났을까. 얼마 전 토요일 당직 근무일이 눈앞을 스쳐 간다.

9시 출근 후 얼마 지나지 않아 한 업체에서 이사한다고 경비원이 알려왔다. 확인해 보니 전기 사용량이 상당히 많은 업체로 5~6개월 관리비가 무려 2천만 원 가까이 미납된 곳이었다. 서둘

러 해당 호실로 올라가 봤다. 돈이 될 만한 기계는 이미 몰래 **빼**
간 후였다. 남은 사무용품과 소품들을 싣고 나가다 눈 밝은 경비
원에게 걸린 모양이었다. 그동안 전화로 관리비 납부 독촉할 때
마다 고성과 막말을 일삼던 업체기에 후환이 두려웠지만 어쩔 수
없이 이사를 막았다. 아니나 다를까, 관리실로 들이닥쳐서 그때
부터 고래고래 소리를 지르고 행패를 부리기 시작했다. 이삿짐
지금 못 **빼**면 차량 비용 책임지라고 펄펄 뛰었다. 돈 없어 못 낸다
고 시쳇말로 배 째라고 했다. 아예 일을 접는 것이 아니고 다른 공
장으로 이전하는 것이다, 라는 못 믿을 말까지 덧붙였다. 못 이긴
척 3~4개월에 걸쳐 나누어 내겠다는 확약서라도 써주면 이삿짐
차량을 내보내려고 했지만 죽어도 못 쓴다고 목이 쉬도록 소리를
질렀다. 일반 공용관리비는 나중에 경매가 되든 소유자가 바뀌든
법적으로 받을 수 있지만, 개별관리비인 전기요금은 허공에 떠버
린다. 결국, 이사 못 간 거 손해배상청구 하겠다고 으름장을 놓고
갔다.

그렇다면 이의신청 목적이 시간을 벌려는 것이었을까. 알 수 없
는 답을 유추하며 사무실로 돌아왔다. 얼마 후 그 업체에 대해 개
인회생 신청으로 인한 채권의 추심 및 독촉 금지 결정문이 날아
왔다. 시간을 벌려는 목적이 맞았을까. 오죽해서 개인회생까지

갔을까 싶지만, 입이 쓰다.

아버지는 살아생전 빚이라면 단돈 10원이라도 경계했다. 부스럼 딱지 내 살 되느냐며, 빚은 언제라도 갚아야 할 돈이라 했다. 그러나 요즘은 내 살 되는 부스럼 딱지를 심심찮게 본다. 성실하게 사업을 운영하다 뜻하지 않게 부도를 맞거나 보증 서준 것이 잘못되어 한 푼 써보지도 못한 거액을 일순간 떠안게 되는 경우 등, 감당하지 못할 큰 빚을 평생 안고 살아야 할 채무자 입장에서 생각하면 개인회생이나 파산 결정은 여간 다행한 일이 아니다. 개인회생은 개인의 사채나 지인, 가족에게 빌린 채무까지도 조정할 수 있다. 최장 5년간 생계비를 제외한 가용소득으로 전체 부채의 일부만 갚고 최대 90%를 탕감해 준다.

그러나 받아야 할 돈을 받지 못하는 채권자는 어디에다 억울함을 풀까. 회생계획안에 따라 변제받는다고 하여도 원금에는 터무니없이 못 미치는 금액이다. 그것도 최장 5년에 걸쳐 받아야 한다. 나라에서 어느 정도 보전해 주는 것도 아니면서 강제로 받지 말라 하니 이것 역시도 딱한 노릇이다.

'분양가 90% 대출, 단돈 천만 원으로 내 공장 마련.' 출퇴근길

거리 곳곳에서 살랑살랑 꼬리 치듯 나부끼던 현수막이 어른거린
다. 빚을 권하고 빚을 갚지 말라는 사회. 연고로, 밴드로 꽁꽁 싸
맨 상처는 부스럼 딱지가 생기기도 전 괴사할지도 모를 일이다.

죽은 놈 머시기 만지기

"이게 왜 이제 생긴 거야! 나 취업할 때 생겼으면 벌써 3년 다 돼갈 텐데…."

아들 녀석이 툴툴거렸다.

"그 죽은 놈 불알 만지는 소리 그만하고 계산기 가져와 봐. 계산 좀 해보자."

"계산은 무슨…. 5년 안에 회사 옮길 수도 있다고요."

"그러니까 투표를 잘해야지. 정치가 우리 생활에 상관없을 거 같지? 이렇게 밀접하잖아."

평소 시국에 관심 없는 녀석에게 이때다 싶어 한마디 더 얹었다.

주말 아침, 모처럼 겨울 이불 정리를 하고 있는데 슬그머니 다가온 아들이 '내일채움공제'에 가입할지 말지 의견을 물었다. 하던 일을 멈추고 녀석의 폰을 들여다보았다. 청년내일채움공제가 본격 시행되는 모양이다. 이번에 신설되는 3년형이 매력적이란 다. 단지 아쉬운 건 생애 최초 중소·중견기업에 취업한 청년 근로 자에게 해당한다는 것이다. 청년 근로자가 3년간 600만 원을 적립하면 정부가 취업지원금 1,800만 원, 기업이 600만 원을 매칭 해준다. 청년 근로자는 3년 후 총 공제금 3천만 원과 이자를 받을 수 있다. 대기업과 중소기업 간 임금 격차를 줄이고, 사회초년생에게 자산 형성 기회를 제공하는 한편, 중소·중견기업에 정규직 으로 취업한 청년들의 장기근속을 위하여 고용노동부와 중소벤 처기업부가 공동으로 운영하는 사업이다.

하지만 녀석은 취업한 지 이미 2년이 넘은 터라 다른 공제에 가입해야 한다. '청년 재직자 내일채움공제'라는데 가입 기간이 5년이다. 본인이 월 12만 원씩 적립하면 5년 후 3천만 원의 목독을 마련할 수 있다. 5년 기간이 아들 심정을 복잡하게 한 것 같다. 집진기 만드는 중소기업의 기계설계 분야에서 일하는 녀석은 5년 안에 이직할 수도 있는데 중도 해지하면 아깝다는 것이다. 그렇다고 해도 본인이 적립한 돈은 다 찾으니 손해라 할 것도 없지 않으냐 말하며 계산기를 찾아 들었다. 5년 후 3천만 원을 손에 쥐려면 월 50만 원씩 적립해야 하는데 12만 원만 적립하면 되니까 얼마나 이익이냐, 5년 후딱 간다, 이직할 때 하더라도 일단 가입하는 게 좋지 않겠느냐며 녀석을 설득했다. 금방 3천만 원이 녀석 손에 쥐어질 것만 같아 혼자 구름 위를 걸었다. 그러다 문득 대기업 계열사에 다니는 녀석의 친구 생각이 났다.

"○○맨은 회사에 별일 없대?"

"무슨 별일?"

"요새 분식회계 어쩌고 하면서 좀 시끄럽던데…. 늘 그렇듯 그러다 말겠지만."

"주가가 많이 내려갔던데…."

분식회계로 이익을 조작해 주식 상장까지 했다고 시끌시끌하니, 주가 내려가는 것은 당연했다. 물론 일시적이겠지. 미디어를 통해 몇 번이나 읽었지만 입에 붙지 않는 낯선 용어들의 기사를 띄엄띄엄 녀석에게 들려주었다. 그러나 녀석의 관심은 주식이었다. 2016년 주식 상장 당시 회사에서 1억을 대출해 줘 자사주를 구입한 ○○맨은 지금 주가가 내려갔다 해도 3억 이상의 주식 보유자란다. 이번 하락장에 다른 친구가 매수하려다 겁이 나서 못 했다고 한다. 저도 목돈 있으면 매수하고 싶다고 조잘조잘 떠든다.

그런데 가만, 3억? 3억이라고? 겨울 이불을 커다란 비닐에 담아 청소기로 공기를 빼 진공 포장하던 손이 잠시 멈췄다. 우리는

파르스름한 욱 227

지금 3천만 원에 대해 목에 핏대 세우고 떠드는데 3억이라고? 포근하고 말랑했던 마음이 공기 빠진 이불처럼 딱딱해졌다. 표정을 들키지 않으려 헛기침하며 다시 청소기를 들었지만 좀체 마음이 풀리지 않았다. '역시 대기업이네. 너도 그런 데 들어가지.' 하고 속마음이 튀어나올 뻔했다. 녀석이 취업할 무렵 대기업도 좋지만 중소기업에서 가늘고 길게 가는 것이 오히려 나은 재테크라더라, 라며 어디서 주워들은 얘기를 하지 말 걸 그랬나. 좀 더 큰 회사를 상대로 꿈을 키우라 말할 걸 그랬나. 머릿속은 소용없는 생각으로 소용돌이쳤다. 엄마 마음을 아는지 모르는지 녀석은 헤실헤실 말갛게 웃으며 그럼 3천만 원 만들어 볼까, 라고 말했다.

"에잇! 그러니까 주식 상장하려고 분식회계하고, 자기네들끼리 대출해 주고, 몇 배로 이익 남기고, 자기들만의 잔치구먼! 이번에도 유야무야 또 넘어가면 안 되는데…. 그래, 3천만 원이라도 시작해 보자."

청소기의 강도를 세게 올려 나머지 공기를 다 빼버렸다.

며칠 동안 녀석을 재촉했다. 회사에 빨리 알아보고 하루라도 일찍 시작하라고. 출장이다 뭐다 미루던 녀석이 드디어 입을 열었다. 회사가 부담해야 하는 20만 원에 대해 정부로부터 지원받지 못한다고 회사에서 재직자 내일채움공제 가입을 꺼린다는 것이다. 그까짓 3천만 원이라고 생각했던 돈이 3억보다 더 많게 느껴지고 잡은 고기 놓친 거처럼 그렇게 아까울 수가 없었다. 왜, 뭐 때문에 안 되는지 좀 자세히 알아보라고 녀석을 다그쳤지만 별 욕심 없는 녀석은 안 되면 안 되는 거지 뭐, 이러고 만다.

모든 중소기업은 다 해주는 거처럼 온갖 미디어에서 떠들더니 마치 내 돈 뺏긴 거처럼 속이 상했다. 아들 회사에 직접 전화해서 가입해 달라고 떼라도 쓰고 싶은 마음을 누르며 몇 날 며칠 죽은 놈 머시기 만지듯 애만 태웠다.

파르스름한 욱 229

6부
노란 내일

개항장 거리의 슈퍼워크
하있다
미끼와 꿀물
리얼미 거울
마산 간고등어
망막정맥폐쇄증
사위 살림, 아들 살림

개항장 거리의 슈퍼워크

아들과 차이나타운에 가기로 했다. 사실 차이나타운이 목적은 아니었지만, 일단은 짜장면으로 녀석을 꾀었다. 짧은 거리도 꼭 자차로 움직이려는 녀석이 전철과 도보로 가자는 내 의견에 선뜻 동의했다. 녀석은 요즘 걸으면 돈을 주는 어떤 앱을 사용해 걷기에 한창 재미 들린 상태다. 이것을 전문 용어로 '코인 채굴'이라 한단다.

어느 봄날, 인천 차이나타운과 자유공원 일대를 개항차라 불리는 꼬마 전동차로 투어한 적이 있다. 그전에는 본 적 없는 프로그램이라 지인들과 나는 호기심에 그날 첫 손님으로 탑승했다. "야~ 신문물이다." 재미 삼아 가벼운 마음으로 탑승한 우리는 문화해설사의 설명에 점점 부끄러워졌다. 서른 안팎 됐을까. 아들 나이 정

노란 내일 233

도로 보이는 젊은이는 거리 곳곳을 가리키며 개항기 시절 이야기를 끊임없이 쏟아냈다.

자유공원에서는 벚꽃이나 보고 차이나타운 짜장면은 어느 식당이 맛있네 아니네 하는 대화 일색이던 그동안의 행태가 무참해졌다. 부끄러운 마음에 그의 말 한 마디마다 우리는 격하게 호응했다. 거의 방청객 수준의 호응에 해설사도 신이 났는지 어디서 왔냐고 물었다. 순간 약속이나 한 듯 각자 고향 이름을 댔다. 내 동네에 소홀했다는 반성의 의미였는데 서로 통했다. 인천 살면서도 차이나타운 거리와 이어지는 '개항장 역사 문화의 거리'를 퇴색한 역사의 한 페이지 정도로 취급하며 반대쪽 송월동 동화마을에 관심을 더 두었었다.

다른 날에 동인천역부터 시작해 천천히 개항장 거리를 걸어서 보물찾기하자 다짐했는데 그로부터도 두어 해가 지나 아들과 함께 오게 됐다.

'슈퍼워크'라는 앱을 켜고 걸으면 코인을 준단다. 만 보 걸으면 100원 주는 앱이 있는데 슈퍼워크는 그런 코딱지 수준이 아니다. 만 보를 채우려면 내 걸음 속도로 1시간 20분을 부지런히 걸어야 한다. 그런데 슈퍼워크는 25분 정도만 걸어도 '워크'라는 코인을 20여 개 준다. 코인 하나에 500~600원 정도니, 하루 10,000~12,000원을 번다. 코인 시세는 주식처럼 그때그때 오르기도 하고 내리기도 한다. 물론 공짜는 아니다. 운동화를 사야 한다. 실물 운동화가 아니라 앱에 있는 운동화다. 운동화의 기능과 양에 따라 채굴되는 코인이 달라진다. 운동화도 사고판다. 운동화에 투자한 내 자본금은 50만 원이다.

이만큼 알아내기까지 아들한테 수십 번도 더 질문했다. 녀석의 대답을 다 알아듣지는 못했다. 한 10분의 1 정도 알아들었으려나? 분명 모국어인데 자주 외계어로 들린다. 아들이 아니고 다른 사람 말이었다면 "야, 이 사기꾼 놈아! 내가 속을 줄 알고!" 했을 것이다.

녀석과 함께 차이나타운을 한 바퀴 돌고 나서 짜장면 한 그릇을 사 먹었다. 천천히 개항장 거리를 음미하려면 배부터 든든히 채워놔야 한다. 아들 녀석은 인천에서 나고 자랐는데 개항장 거리는 고사하고 이 유명한 차이나타운도 처음이다. 무심한 놈. NFT, 메타버스, 블록체인, 코인 등등 신세계 신문물에만 열광하는 녀석에게 상기시켜 주고 싶었다. 과거에 인천 바닷길로 거침없이 밀고 들어온 또 다른 새 시대, 신문물의 역사를.

노란 내일 235

강렬한 붉은빛의 차이나타운을 지나 개항장 거리에 들어섰다. 역사 속으로 성큼 들어선 것도 같고, 과거인지 현재인지 모호한 경계에 선 듯도 하다. 1883년 외세의 강압에 강제 개항한 인천은 조선을 속국으로 만들려는 강대국들의 각축장이 되었다. 일본을 비롯한 열강들이 수탈의 수단으로 세운 다양한 건축물을 째려보며 천천히 걸음을 옮겼다. 대한민국 최초의 서구식 호텔이었다는 대불호텔은 1978년 철거되어 공터로 남아 있었으나 2018년 예전 모습으로 복원해 중구 생활사전시관으로 사용 중이다. 경제 수탈의 본거지 중 하나인 일본 제1은행 건물은 현재 인천개항박물관으로 운영 중이다. 일본 제18은행을 개조한 인천 개항장 근대건축전시관 앞에 잠시 머물렀다. 걸음을 멈추면 코인 채굴도 멈춘다고 아들 녀석이 채근한다. 곡괭이 들고 땅을 파는 것도 아닌데 그것을 왜 '채굴'이라 하는지 들어도 또 모르겠다.

옛 일본 영사관이었던 중구청 담벼락에는 문화유산, 각국의 거류지 문화, 근대 최초 사례 등으로 분류한 표가 있어 한눈에 보기 좋다. 카페 '팟알' 쪽으로 발길을 돌렸다. 이 건물은 개항기 일본 하역회사인 '대화조'의 사무소이자 주택이었다. 2011년 건물 주인이 원형에 가깝게 보수 공사를 하였고 2012년 8월 '카페 팟알'로 재탄생되었단다. 현재 근대문화유산 등록문화재 제567호로

236 주황색 거짓말

지정돼 있다. 안내문에는 일제 강점기 하역 노동자의 생활양식을 보여주며 건물이 지어진 초기의 모습이 잘 보존되어 있어 건축사적으로 가치가 있다고 쓰여 있다. 속이 타서 양탕국이라도 한 사발 마실까 하고 들어가려 했더니 아들놈이 코인 채굴 끝나면 마시자 한다. 야속한 놈.

청·일 조계지 경계 계단에서 과거를 상상해 본다. 침략과 식민을 위해 남의 땅에 조계지를 구획해 놓고 저들이 누렸을 치외법권을 생각하니 속에서 뭔가가 또 치밀어 오른다. 계단을 중심으로 왼쪽은 청나라, 오른쪽은 일본의 조계지로 붉은색 중국식 건물과 목재로 만들어진 일본식 건물이 확연하게 나뉜다. 조계지에서 활동하는 다양한 외국인들의 사교 클럽이던 '제물포 구락부' 건물 앞에서 시간이 만든 신비로운 분위기에 잠시 취해 본다. 만가지 생각이 머릿속을 거닌다. '구락부'는 영어 단어 'club'의 일본식 음역어이다. 처음 그 단어를 듣고 마을을 뜻하는 '부락'의 일종인가 했다. 알고 나서는 코웃음이 났다.

걷다가 또 궁금해 묻는다.

"아니, 저 앱 회사에서 코인을 무한정 어떻게 줘? 계속 발행만 하면 인플레 생겨서 코인값 똥값 되는 거 아녀?"

실제 신은 것도 아닌데 앱을 켜고 걷고 나면 운동화를 수리해야
한다. 운동화를 레벨 업 하면 같은 시간 걸어도 채굴량이 늘어난
다. 이런 수리비나 레벨 업 비용 등으로 지불한 코인은 소각한단
다. 이것만으로는 턱도 없으니 인플레 방지를 위해 또 뭐를 한다
고 하는데 그 이상부터는 외계어다. 어쨌거나 초기 투자금이 들
어가긴 하지만 이 정도 채굴량이면 금방 원금 회수하고 용돈벌이
까지 꽤 짭짤하겠다. 사기가 아닌가 할 정도로 이렇게 쏠쏠한 수
익을 낼 수 있는 앱이라면 주변에 널리 알려야 할 것 같다. 하지만
설명할 방법이 없다. 진입부터 난감하기 때문이다.

"현금으로 클레이튼이라는 코인을 사서 운동화를 사고, 걸어
서 채굴한 코인은 '워크 코인'이라 하는데 이 코인을 클레이튼으
로 바꿔서 빗썸이라는 거래소로 옮겨 팔면 비로소 내 계좌로 돈
이 들어온다." 이렇게만 들어도 벅찬데 이마저도 요약본이라는
것이다. '이거 참 좋은데, 어떻게 설명할 방법이 없네.' 하던 어떤
광고 문구가 떠오른다니까 녀석이 손사래 친다. 초기 프로젝트라
이 앱이 성공할지 망할지 모르니까 주변에 너무 알리지 말란다.

한 번도 겪어보지 않은 '근대화'라는 거센 파도를 맨몸으로 맞
은 그 시대 사람들 마음은 어땠을까. 익숙하고 편안한 것들 대신

쏟아져 들어오는 신문물 앞에서 두려웠을까. 초가집, 기와집만 보다가 벽돌로 지은 서양식 건축물을 보고 세상의 변화를 직감했을까. 전차, 철도, 사진기, 유성기, 우편 등속 듣도 보도 못한 물건들을 대하던 그때 보편적인 사람들 심정이 지금 내가 메타버스, NFT, 블록체인 등을 대하는 심정과 같을지도 모르겠다.

인천을 통해 조선에 들어온 주요 신문물 중 첫 번째가 바로 서양식 호텔인 대불호텔이다. 당시 노동자의 일급이 23전가량인데 대불호텔 일반실 1박 가격이 2원 정도였다. 지금 물가로 보면 100만 원이 넘는 금액이란다. 그때나 지금이나 내게는 닿을 수 없는 남의 행복일 뿐인가 싶다가 문득 단어 하나가 떠올랐다. 아들 녀석이 NFT 투자에 관해 설명할 때 잘 쓰는 '선점'이라는 단어다. 세계가 바뀌고 있으니 미리미리 공부해서 미래를 바꿔줄 그 무엇을 찾아 선점해야 한다는 것이다. 그것이 그리 쉬울 리가 있으랴만 신문물, 즉 변화의 물결에 올라타느냐 마느냐에 따라 인생 항로가 달라질 수 있다는 것엔 동의한다.

녀석 뒤에 바투 붙어 부지런히 걸음을 놓는다. 개항장 거리에서 슈퍼워크 앱 운동화로 코인을 채굴한다. 곡괭이도 없이.

하있다

제주도에 왔으니 회를 먹어줘야 한단다. 결혼해서 일가를 이룬 작은아들 가족 셋과 아직 결혼 전인 큰아들이 모처럼 뭉쳤다. 스페셜 모둠회를 주문하니 본격적인 회가 나오기도 전 밑반찬들만 해도 한 상 차림이다. 직장 일로 같이 오지 못한 제 아빠 생각이 났는지 작은아들이 전화라도 할까, 물었다.

"하있다."

아기 식탁에서 콘치즈의 옥수수 알갱이를 포크로 콕콕 찍어 먹고 있던 윤지가 말했다. 하루하루 구사하는 단어가 눈부시게 늘어나는 중인 윤지는 이제 30개월에 접어든 내 손녀다. '할머니'를 '할~'이라고 발음하는데 'ㄹ'을 발음하기 위해 혀를 입 한쪽으로 뺀다. '할아버지'는 '하'라고 발음한다. 제 할아버지 빼고 가는 여행길에서 녀석은 이따금 "하업떠."라며 할아버지를 찾았다.

240 주황색 거짓말

"하있다? 아. 할아버지 있, 아니 할아버지 없다고?"

제 아범이 횡설수설 냉큼 통역사로 나섰다.

"아이이(아니), 하있다." 통역 오류다. "아, 할아버지 집에 있다
고?" 다른 해석을 내놓았다. "아이이 아이이, 하있다!" 윤지 목소
리가 커졌다. "아- 할머니 여기 있다고?" 나도 한마디 거들었다.
급기야 윤지는 엉덩이를 펄쩍펄쩍 들며 답답함에 짜증을 냈다.
"아이이, 아이이." 도리질을 치며 울음을 터뜨리면서도 계속 "하
있다."라고 말했다. 듣는 귀는 정확하다는 뜻. 눈치 총동원이다.
어른들의 해석을 다 거부하며 똑같은 발음을 계속한다는 건 분명
히 어떤 확실한 요구사항이 있다는 것이다. 하지만 열두 번을 더
같은 말을 해도 제 말을 못 알아듣는 어른들이 얼마나 답답했는
지 윤지는 아주 뒤로 넘어갈 기세였다.

"사이다? 윤지, 사이다 달라고?" 제 엄마의 말에 윤지가 울음을
뚝 그치고 "응!" 하고 대답했다. 아이 통역사로는 역시 엄마만한
인물이 없지. 할 줄 아는 말이 폭포수처럼 늘어나는 통에 경우의
수가 많아져 단번에 알아듣기 힘들다고 제 아범이 변명하는 중에
윤지는 조그만 손을 말아 쥐고 눈물을 쓱 닦았다. 드디어 사이다
를 먹을 수 있게 됐다는 안심이 작용했는지 금방 갓맑게 웃었다.
윤지 아범은 제 각시에게 존경의 눈빛을 보내며 그 사이다 발언

노란 내일 241

은 진짜 사이다였다고 추켜세웠다.

미국의 인류학자 에드워드 홀은 의사소통과 관련하여 고맥락/저맥락((high context/low context) 개념을 제시했다. 저맥락 문화에서는 의사소통이 주로 표현된 내용(대화, 글)에 의해 이루어지고 이러한 표현은 직설적인 편인 반면, 고맥락 문화에서는 의사소통은 표현된 내용으로부터 상대방의 진의를 유추하는 단계를 중요하게 여긴다. (강준만, 『세계문화사전』 중에서)

그러니까 저맥락 문화에서는 발화된 언어나 작성된 문서에 의해 의사소통과 정보전달이 이루어지고, 고맥락 문화에서는 맥락이나 상황 중심으로 의사소통이 이루어진다는 것이다. 고도의 고맥락 문화권인 우리 사회에서 어떤 말을 액면 그대로 받아들여서는 곤란하다는 뜻이다. 맥락을 파악하고 행간을 읽어야 사회생활 좀 할 줄 안다는 평가를 받는다. 문학적으로야 기본 훈련에 해당하니 그리 어려운 일은 아닐 것이다. 하지만 일상에서나 직장 등의 공동체에서 타인의 말과 행동의 맥락을 살피고 행간을 눈치채는 일이 어디 그리 쉬운가. 행과 행 사이 없는 문자를 읽어야 하고 말과 말 사이 숨어 있는 의미를 찾아내야 하니 말이다.

어릴 때 나는 엄마로부터 가끔 눈치 없다는 말을 들었다. 개떡 같이 말해도 찰떡같이 알아들어야 '그 사람 참 절간에서도 새우젓 얻어먹을 사람'으로 대접받는다고 했다. 요즘 아이들은 개떡을 콩떡이라고도 하는 모양이다. 난 개떡 찰떡도 새우젓도 싫어했는데, 엄마 말은 늘 머릿속에 담아 두었다. 하지만 개떡은 개떡, 콩떡은 콩떡, 찰떡은 찰떡이지, 개떡 속에 왜 찰떡을 숨겨 놓고 찾으라 하는지 이해하기 어려웠다.

개떡 찰떡은 '눈치'와도 일맥상통하는 말이다. '눈치'의 사전상 의미는 '남의 마음을 그때그때 상황으로 미루어 알아내는 것'이다. 상대방이 개떡같이 말해도 상황이나 맥락을 잘 이해해 찰떡같이 의중을 파악하는 이 '눈치'는 우리 사회를 살아가는 데 필수적이 능력이다. 성장하는 동안 개떡 찰떡, 눈치코치를 익히기 위해 억지로라도 타인의 태도에 관심을 가져야 했다. 담배를 가져오라면(옛날에는 이런 심부름도 다반사였다.) 라이터에 재떨이까지 가져가야 하고 라면을 끓여 오라면 젓가락과 김치, 앞접시, 그리고 물까지 쟁반에 담아 내가야 하는 것이 눈치였다. 반복하다 보니 어떤 말을 들으면 한두 수 앞까지 생각하는 훈련이 되어 눈치코치 없다는 말은 듣지 않게 되었지만, '왜 개떡 찰떡을 무슨 의무 사항처럼 이행해야 하나.' 라는 피로감도 쌓였다.

노란 내일 243

SNS를 통해 이미지나 짧은 텍스트로 소통하고 코로나19 유행으로 인해 비대면, 디지털에 익숙해진 요즘 세대는 저맥락 문화권에 속할 것이다. 개떡은 개떡으로 찰떡은 찰떡으로 알아들어도 아무 문제가 되지 않는다는 뜻이다. 조직에서 소통하기가 얼마나 수월할까.

이른 저녁을 먹고 숙소로 돌아왔다. 작은아들 내외가 TV 예능 프로를 보며 도란도란 이야기를 나누고 있었다. 가만히 들으니 그들 대화에는 "무슨 말인지 알지?"라고 누군가 말하면 "아, 그거? 그래, 그래. 여보가 무슨 말 하는지 알겠다."라고 답하는 패턴이 자주 등장했다. 무슨 말인지 설명도 제대로 안 하는데 뭘 알겠다고 하나 싶어 피식 웃음이 났지만 그들은 서로 잘도 알아채고 술술 대화를 이어갔다. 듣다 보니 무슨 말인지 못 알아들었지만 어렴풋이 무슨 말인지 알 것도 같은 희한한 느낌이 들었다.

고맥락 문화에서는 그 문화에 속한 사람들이 공유하고 있는 유사한 경험과 기대를 바탕으로 의사소통이 진행되고 단어들이 해석된다고 한다. 개떡, 콩떡같이 말해도 그 단어가 내포하는 문화적 맥락을 재빨리 눈치채 찰떡같이 알아들을 수 있는 이유다.

사실 그때 윤지는 '하있다'가 아니고 '하이다'라고 말했던 것 같다. 전날 기름진 흑돼지구이를 먹으며 어른들은 사이다를 마셨다. 평소에는 먹이지 않는 걸 알지만 탄산음료에 반응하는 녀석 표정이 궁금히 '여행이니까.' '제주도니까.'라는 핑계를 대며 사이다를 몇 모금 먹였다. 아직 녀석과 "무슨 말인지 알지?"로 통하는 관계를 만들지 못한 까닭에 나는 그동안 들었던 '하업떠'에 꽂혀 '하'를 '할아버지', '할머니'에 국한해서 이해하려 했다.

생각해보니 고맥락 문화는 사람이 사람을 바라보고 이해하는 시간이 녹아 형성된 것 같다. 상대가 행하는 개떡 같은 말 외에 표정과 몸짓 등 비언어적 요소와 그 생각까지도 세심하게 관찰해야 찰떡같이 알아듣는 마법이 일어나니 말이다. 그동안 고맥락 문화에 비판적이었던 나는 생각을 잠시 멈춰 세웠다. 양단간에 결판을 내야 할 일도 아닌데 굳이 단점만 손꼽을 필요는 없지. 업무 관계에서는 저맥락, 인간 관계에서는 고맥락 문화를 눈치껏 적절하게 잘 활용하는 것이 최상이겠다.

미끼와 꿀물

아니야, 아니야. 여긴 아니야. 마지막 계단을 내려서자마자 나는 서둘러 몸을 돌렸다.

"안 돼, 엄마. 지금 계산하고 있어요."

한 발 앞서 도착한 작은아들이 주인장 얼굴을 흘깃 보고는 내게 난감한 표정을 지어 보였다. 눈치를 보니 우리가 첫 손님인 듯했다. 내키지 않았지만, 혹시나 남의 영업장에서 하루 장사 망칠까 싶어 주저주저 안으로 들어갔다. 진동하는 특유의 지하실 냄새와 물비린내와 흐릿한 조명, 그리고 검은 물이 출렁이는 수조를 바라보니 가슴이 선득했다.

이따금 다니러 오는 작은아들네 가족과 다 같이 즐길 것을 찾아 실내 낚시터에 가게 됐다. 식구 중 누구도 낚시에 취미 있는 사람은 없었지만 구중구중 내리는 비 때문에 야외로 나갈 수 없어 궁리 끝에 선택한 것이다. 최소 시간이 한 시간이라니 꼼짝없이 발이 묶였다. "엄마 거는 계산하지 마. 그냥 구경만 할게." 뷔페도 아니고 머릿수대로 꼭 계산해야 하는 건 아니지 싶어 한 걸음 뒤로 물러났다. 식구들은 모두 한 자리씩 차지하고 낚싯대를 드리웠다.

주인장이 밑밥을 던지자 시커먼 물 위로 '푸다다닥, 푸다닥, 퍼덕퍼덕' 고기떼들이 필사적으로 모여들었다. 패싸움이라도 벌여 피 터지게 싸우는 거 같은 움직임이 공포스러웠다. 당장이라도 물 밖으로 뛰쳐나올 거 같았다.

주인장은 요금을 지불한 식구들의 대진표를 만들어 모니터에 띄웠다. 남편과 큰아이가 한편, 작은아들 내외가 한편을 먹었다. 낚은 고기의 무게를 측정한 후 팀별로 합산해 승부를 결정하는 방식이었다.

손님을 끌기 위해 그야말로 물 반 고기 반으로 운영하는 건지, 먹이를 주지 않아 굶주린 고기들이 미끼만 보면 환장하고 달려드는 건지, 식구들은 앉자마자 걸려드는 물고기에 환호성을 질렀다. 잡긴 잡았지만 낚싯바늘 빼는 것이 관건, 전전긍긍하다 아이들은 사장님을 부르거나 제 아버지를 불러 해결했다. 간신히 바

노란 내일 247

늘을 제거해 자동저울에 넣고 계량을 끝내면 저울 아래쪽 문이 열리고 고기는 미끄러져 수조로 풍덩 들어간다.

다시 밑밥에 홀려 앞뒤 살필 겨를 없이 몰려갔다가 미끼를 물고 무게를 재고 수조로 돌아가고 또 밑밥에 홀려 몰려가는 물고기들. 바늘을 수없이 물고 빼고 하는 과정에서 입 주변은 얼마나 많은 상처를 입을까. 먹이가 아닌 미끼로만 연명해야 하는 시간을 수없이 되풀이하다 죽어서야 수조를 벗어날 수 있는 잔인함에 목덜미가 서늘해졌다.

「열혈사제」란 드라마에서 한 신부神父가 지옥에 대해 말하는 장면이 낚싯바늘을 물고 퍼덕거리는 물고기를 따라 떠올랐다. 다혈질의 가톨릭 사제 김해일 신부가 어떤 살인사건을 파헤치다 구대영 형사의 방해를 받게 되자 그의 귀에 대고 코믹하지만 날카롭게 콕콕 심듯이 말한다. 듣는 순간 가슴에 콕 파고들어 몇 년이 지나도 잊히지 않는 장면이다.

너 지옥이 어떤 곳인지 모르지? 유황 지옥? 그런 거 아니야. 지금 네 모습 그대로 다음 생에 똑같이 태어나는 거야. 그리고 똑같은 인생을 사는 거지. 무한 반복으로. '무한 반복' 단어가 구대영 형사 귀에 메아리쳐 반복된다. 세상 낭패란 표정의 구대영 형사는 단전에서 끌어올린 듯한 사자후를 토해낸다. "아이씨! 왜 하필 똑같은 인생을…." 그러고는 질색하며 한마디 더 한다. "아, 그거 너무 싫은데…."

10분 간격으로 세 번째 울리는 알람 소리에 물먹은 솜 같은 몸을 간신히 일으킨다. 양방향으로 길게 늘어선 차량. 날마다 왔던 길 가고, 갔던 길 오고. 갔다가 왔다가, 왔다가 갔다가 시계추 같은 사람들 속에 내 몸도 구겨 넣는다. 오전 일과 중 흘깃흘깃 떡밥 같은 점심시간을 기다리고, 오후가 되면 느린 걸음으로 오는 퇴근 시간을 목 빠지게 기다린다. 하루가 가고 일주일이 가고 한 달이 가면 좁밥 같은 미끼가 들어온다. 내일은 오늘보다 낫겠지. 1년 후엔, 10년 후엔 뭔가 이루어 놓겠지. '현재의 나'는 늘 '미래의 나'에게 웃자란 기대치를 쟁여놓는다. 무수히 많은 내일이 오늘이 되지만, 오늘은 어제와 별반 다르지 않다. 이 지루하고 덧없는 삶을 무한 반복으로 살아야 한다니, 그것도 같은 얼굴로. 구대영 형사의 표정과 말투에 감정 이입이 되고도 남았다.

언젠가 불교 경전 중 『불설비유경佛說比喩經』의 내용을 그림으로 표현한 「안수정등도岸樹井藤圖」를 본 적이 있다. 황량한 광야를 걷다 갑자기 달려드는 코끼리를 피해 깊은 우물 속으로 피신

노란 내일 249

한 나그네가 나무 넝쿨을 잡고 있는데 바닥에는 독사들이 입을 벌리고 기다리고 있다. 위에는 흰쥐와 검은쥐가 나무넝쿨을 갉아 먹고 있는 위급한 순간에 나그네는 한 방울씩 떨어지는 꿀을 받아먹고 있는 그림이다. '안수정등'이란 직역하자면 강 언덕에 있는 나무와 우물 속에 있는 등나무란 뜻이지만 하나하나 의미를 따져보면 인간 삶의 축소판이다.

나그네는 중생, 우물 밖 광야는 사바세계이며, 코끼리는 무상한 시간, 우물은 생사의 현장이다. 나무 넝쿨은 생명, 바닥의 독사들은 죽음이며, 흰쥐와 검은쥐는 낮과 밤을 비유한다. 한 방울씩 떨어지는 꿀물은 오욕락으로 물욕, 색욕, 식욕, 수면욕, 명예욕을 의미한다.

사방에서 죽음이 포위해 오는 절체절명의 현실임에도 꿀 몇 방울에 그것을 망각한 채 어리석은 욕심에 집착해 살아가는 인간 모습을 비유한 불경이라고 한다. 무명의 어리석음으로 오욕에 집착하여 오히려 괴로움을 자초하지 말고 인생의 참모습을 들여다보라는 스님의 법문을 듣는 중에 나는 구대영 형사 같은 마음으로 중얼거렸다.

"아, 뭐야! 사는 게 이렇게나 위태롭고 무상한 일이라고? 인간사가 이런 모습이라니. 아, 이거 너무 싫은데…."

아무리 궁리해도 우물을 벗어날 방도가 없는데 인생의 참모습을 어떻게 들여다봐야 하는지. 차라리 오욕일지라도 떨어지는 꿀을 달게 받아먹으며 나무뿌리가 끊어지기 전까지 순간에 집중하는 삶을 살아야 하지 않나. 꿀물마저 없다면 이 인생을 어떻게 버틸 수 있단 말인가. 아니, 꿀물에 집착하는 어리석음을 거두고 참된 지혜를 깨쳐 우물을 탈출하기 위해 수행 정진해야 하나. 초발심자였던 그때 나는 여러 생각에 가슴이 묵직했다.

이 각다분한 우물 속 삶을 한 번도 아니고 무한 반복 도돌이표로 산다고 생각하니 지옥도 이런 지옥이 없겠다. 아, 신부님은 어쩌자고 이 고약한 지옥을 상상하게 하는지.

"할~ 배보파."

제 아빠 옆에서 낚시하는 시늉을 하다 지루했던지 요즘 내 꿀단지 어린 손녀가 저만의 발음으로 배고프다며 슬며시 내 손을 잡았다. 핑곗김에 낚시 삼매경인 식구들을 재촉하며 맛있는 저녁을 사겠다고 미끼를 던졌다. 여전히 푸다닥거리며 떼로 몰려다니는 물고기들을 일별하며 속말을 했다. 그래, 너희들에게는 이 미끼가 꿀물이겠구나. 먹을 수 있을 때 먹자꾸나. 나도 일단은 꿀물 한 방울 먹으러 간다.

노란 내일 251

리얼미 거울

모처럼 술을 그득히 마시고 밤이 이슥해 집에 온 날 그 물건이 와 있었다. 마음 급하게 주문하고 나서는 언제 그랬냐는 듯 잊는 일이 다반사기에 '이 녀석이 또 뭘 산 거여?' 하고 우선 아들놈부터 의심했다. 포장이 뜯기지 않은 채 현관에 가만히 놓여 있는 걸 보니 아들 것이 아닌가? 그렇다면 내가 시킨 건데…. 이 물건이 무엇일꼬.

오랜만에 수필 동아리 문우들과 세상이 돈짝만 하게 보일 정도로 마시고 온 상태라 생각하기도 귀찮고, 상자 뜯기도 귀찮아 발로 쓱 밀어두었다. 자리에 누워 아슴아슴 잠의 나락으로 떨어질락 말락 할 때 퍼뜩 떠오르는 생각. 아, 그게 왔구나. 급하게 칼을 찾아 들었다.

"남들이 보는 내 얼굴 궁금하셨나요? 남이 보는 진짜 내 얼굴, 무반전 리얼미 거울." SNS에 새롭게 등장한 광고에 눈길이 딱 멈췄다. 언제 내게 왔는지 기억조차 없는 낡고 꼬질한 손거울을 대신할 만한 크기였고, 요즘 따라 거울마다 다르게 보이는 얼굴(더 늙게, 혹은 덜 늙게)을 보고 어떤 것이 진짜 내 얼굴일까 슬쩍 궁금하기도 했었다. 일반 거울과 달리 광학적으로 좌우 반전을 없앤 거울이라는 말이 무슨 뜻인지 이해하기 싫어 화면을 빠져나오려다 그 뒷말에 손가락이 멈췄다.

지금까지 보지 못했던 당신의 아름다움을 찾아주고 단점을 보완할 방법을 제시한다고 했다. 아름다움을 완성해 나가는 출발점은 나의 모습을 올바르게 이해하는 것이란다. 거울 하나 파는데 이렇게 미사여구를 동원해도 되나 싶으면서도 스크롤을 내리는 속도가 점점 빨라졌다. "자신을 가장 깊게 이해하게 됨으로써 남들에게 어떻게 보일까 하는 두려움에서 벗어나 자신감을 갖게 하는 완벽한 거울"이라는 달콤달콤한 멘트에 '어머. 이런 건 사야지. 뭘 보고만 있어?' 하고 마음의 소리가 속닥거렸다. 47,800원. 크기나 재질로 봤을 때 결코 가볍지 않은 가격이다. 호기심만으로 사기에는 아까운 액수라고 다른 마음의 소리가 말을 끝내기도 전에 손가락은 이미 결제 버튼을 눌렀다. 일반 거울보다 리얼미

노란 내일 253

쪽의 비교 모델 얼굴이 미묘하게 더 예쁘게 보인 것이 쐐기였다.

잠이 달아난 자리는 언박싱의 두근거림이 차지했다. 가로 11cm, 세로 18cm의 거울 두 개가 양옆에 V자 모양으로 붙어 있어 한쪽이 다른 한쪽을 한 번 더 비추는 구조에 프레임은 종이 재질이다. 술기운에도 가격이 참 사악하다는 생각이 들어 "이런 18센티"라고 중얼거렸다. 평생 처음 보는 '거울 사용 설명서'가 있다. 수평을 잘 맞추고 거울과 일정한 거리를 두고 보란다. 가격만큼 값어치를 하겠지, 잔뜩 기대하고 거울을 봤다. 응? 으응? 깜짝 놀라 거울에서 얼른 얼굴을 뗐다. 술이 너무 과했나? 헛것을 본 거 같았다. 다시 심기일전하여 거울 앞에 앉았다. 아, 이게 남이 보는 진짜 내 얼굴이라고? 불현듯 김상준의 『심리학으로 보는 그리스 신화』에서 본 거울의 어원이 생각났다.

자신의 내면에 존재하는 여러 가지 모습들을 들여다보게 되면 흥미롭기도 하지만, 놀랍고 당황스럽기도 하다. 지친 하루를 보내고 나서 욕실에서 세수를 하고 거울에 비친 자신의 모습을 들여다보고 흠칫 놀란 경험을 한 적이 있을 것이다. 하루 종일 열심히 일하느라 잊고 있던 내 자신과 직면했기 때문이다. 거울 속에 비친 나는 다른 사람들에게 잘 보이려고 애쓰고, 화가 나도 속으로 꾹꾹 눌러 참으며 미소를 띠기도 했던 가면을 쓴 모습이 아니라 내 본래 그대로의 모습이다. 그래서 순간적으로 낯설어 보여 화들짝 놀라게 되는 것이다. 거울(mirror)이라는 단어의 어원은 원래 miror, mirae (놀라다, 당황하다, 깜짝 놀라다)에서 유래되었다. (김상준, 『심리학으로 보는 그리스 신화』 중에서)

반전된 보통의 거울로도 순간 내 모습이 낯설어 보여 놀란다는데 무반전된 진짜 내 모습을 보여준다는 거울을 보고 이렇게 놀라니, 눈에 띄지 않게 남아 있던 마지막 가면까지 다 벗겨지기라도 한 것일까. 어쨌든 거울의 어원이 '놀라다, 당황하다'란 뜻의 단어에 있다는 말은 틀림없는 것 같다.

불편하지만 꼭 마주해야 할 진실을 대하듯 거울 속 내 모습을 가만히 들여다봤다. 적나라하다. 왼쪽 눈썹은 심하게 치켜 올라가 있고 얼굴은 왼쪽으로 기울어진 비대칭 상태에 왼쪽 볼은 오른쪽보다 훨씬 처져 있다. 입술도 한쪽으로 실그러져 있다. "호박 같은 내 얼굴. 우습기도 하지요. 눈도 삐뚤, 코도 삐뚤, 입도 삐뚤, 삐뚤." 입에서 저절로 동요가 흘러나왔다. 대칭을 좀 맞추려고 왼쪽인 줄 알고 움직이니 오른쪽이고, 오른쪽인가 싶으면 왼쪽이

노란 내일 255

다. 이리 기웃 저리 기웃, 익숙지 않은 좌우에 조립이 덜 된 변신 로봇처럼 뻣뻣하고 어색한 몸짓으로 삐걱거렸다. 그럴수록 고개는 더 기울어지고 왼 눈썹은 더 올라갔다. 거울을 들었다 놨다, 반품할까 말까, 심경이 복잡해졌다. 그나마 그 밤에는 '술 취해 이런 걸 거야. 내일 아침 맑은 정신으로 수평을 잘 맞춰서 다시 봐야지.' 하는 얄팍한 기대라도 있었다.

다음 날에도 거울 속 얼굴은 여전히 놀랍고 당황스러웠다. 그냥 반전된 일반 거울을 보고 사는 것이 정신 건강에 좋겠다 싶었다. 가끔 옷 가게에 가면 속는 줄 알면서도 날씬하게 보이는 거울 속 모습에 잠시나마 흐뭇해하지 않던가. 이따금 뇌를 속여가며 착각 속에 사는 것도 스트레스를 줄이는 방법이지. 다시는 필요 없을 거처럼 아무렇게나 뜯어버린 포장 상자를 찾았다. 주섬주섬 거울을 상자 속에 담고 보니 반품 절차가 귀찮았다. 그 틈을 비집고 '남들이 보는 내 모습이 리얼미 거울에 비친 모습이랑 똑같은 건 아닐 거야.' 하는 생각이 들었다. 어떤 위치에서 어떤 마음으로 바라보냐에 따라 사물은 본래 모습과 조금씩 달리 보이기도 하는 법. 사물을 정확히 그대로 보는 사람이 어디 있어. 조금씩 굴절시키기도 하고 왜곡하기도 하고 그런 거지. 남이 보는 내 얼굴이 훨썬 더 못생겨 보인다는 사실을 인정하기 싫은 마음은 남들 눈까지 굴절시켰다.

리얼미 거울을 도로 꺼내 책상 위에 올려놨다. 왼쪽 볼이 더 처진 건 음식을 왼쪽으로 씹는 버릇 때문인 듯하다. 무의식중 왼쪽 눈썹을 치켜뜨는 걸 알았으니 이제부터 의식적으로 오른쪽 눈썹도 같이 치켜야겠다. 양쪽 볼을 살짝 귀밑으로 당겨보았다. 몇 년은 젊어 보인다. 세월은 볼을 타고 흘러내렸나 보다. 하루도 빠짐없이 거울을 봤는데 어제와 달라진 오늘을 알아차린 날은 없었다. 미세하게 하루하루 달라진 날들이 흐르고 흘러 오늘 이 비대칭의 얼굴까지 오는 동안 거울 밖에서 일어난 많은 일이 떠올랐다. 가슴속에서 출렁, 강물 흐르는 소리가 났다. '남들 눈이 뭐 대수야? 내 멋에 사는 거지.' 자신을 위로하기 위한 교과서적인 멘트를 날리며 다시 거울을 마주하니 조금 나아 보이는 것도 같다. 실없이 47,800원을 버렸다는 죄책감을 덜기 위한 자기 최면일지도 모르지만.

마산 간고등어

산도 집도 신작로도 꽁꽁 얼었다. 외양간 누렁소 콧구멍에서는 연신 김이 오르고 긴 속눈썹엔 얼음 알갱이들이 총총하게 매달려 있다. 문밖을 나서면 얼음물에 얼굴을 풍덩 담근 것처럼 금세 머리가 띵하게 조여온다. 나무 판때기로 얼기설기 만든 부엌문 틈으로 새어 나오는 비릿한 훈내가 코끝에 달라붙는다. 빼꼼 부엌문을 열면 역시나 아궁이 잉걸불 위에서 간고등어가 자글자글 익어간다. 상을 차리는 엄마 손이 풍금을 치는 선생님 손처럼 춤을 춘다.

이따금 나타나는 생선 장수의 리어카엔 소금꽃이 하얗게 핀 간고등어가 바다를 데리고 와 모로 누워 있었다. 반가운 손님처럼 간고등어 한 손이 엄마 손에 들려오면 식구들은 환한 전등불처럼 웃었고 나는 엄마 모르게 얼굴을 찡그렸다. 한바탕 고등어가 밥상을 휩쓸고 가면 그릇과 수저에 몇 날 며칠 남아 있을 비린내는 생각만 해도 싫었다.

중학교를 졸업하고 고등학교에 바로 진학하지 못했다. 가난한 집안 형편을 생각해 시집간 언니가 있는 마산(현재 창원시로 편입)으로 갔다. 그곳엔 학비가 무료인 산업체 부설 학교와, 학비는 주간부와 똑같지만 밤에 수업하는 야간 고등학교가 있었다. 산업체 부설 학교에는 자격 조건 때문에 들어갈 수 없어서 야간 고등학교를 목표로 1년간 학비를 벌기로 했다. 1980년대 당시 마산에는 외국 기업 전용인 '수출자유지역'이라 불리는 국가산업단지가 있어 일자리가 넘쳤다. 값싼 여성 노동력을 이용한 저임금 고노동의 현장이기도 했다. 그중에서도 일본 기업인 전자 회사가 많았다. 외국 자본의 도입, 수출과 고용 창출, 나라와 지역 경제 발전 등 수출자유지역 근처에 떠도는 거창한 문구들에 기가 눌렸다.

그곳에서 처음 바다를 만났다. TV에서 본 높은 파도가 일고 머나면 수평선이 있는 낭만적인 바다를 상상했었다. "야! 바다다." 라고 환호성이라도 질러 여러 날 깊이 가라앉은 기분을 끌어올릴 준비를 했지만 "야… 바다야…?"라는 의문문으로 대신했다. 마산 바다는 내륙으로 깊숙이 들어와 있어 수면이 호수처럼 잔잔했던 것이다.

어느 전자 회사 공장에서 '불량 감소', '생산량 증가'라는 낯선 구호 속에 전자제품 부속처럼 앉아 아침 8시 반부터 밤 9시까지 단순 반복 노동을 했다. 얹혀살고 있는 언니네 집에서 독립할 자금과 입학금을 모으려 동동거렸지만 요원했다. 노동에 갇혀버린 내 열일곱 살이 안타까워 퇴근길 버스에서 찔끔찔끔 눈물을 찍어 내기도 했다. 이따금 잔업이 없는 수요일에 바다를 볼 수 있는 정문으로 퇴근해 먼 길을 돌아 집으로 갔다. 마산 바다에 대한 처음의 실망감은 차츰 친근함으로 바뀌었다. 잔잔한 물결이 주는 편안함은 모교 중학교 뒤에 있는 파로호를 생각나게 했다. 낯선 환경에서 이리저리 휘둘리며 향수병까지 걸린 내게 고향 친구 같은 품을 내어줬다. '괜찮아. 내년에는 5시 30분 땡 하면 다른 친구들처럼 작업복 벗어 던지고 학교에 갈 수 있어. 학생 신분이 되는 거야. 남들이 낮잡아 말하는 공순이가 내 신분의 전부는 아니라고.' 바다는 쪼그라드는 내 존재감을 되살려 주었다.

형부가 자꾸 내 눈치를 봤다. 꿈에서도 기다리던 야간 고등학교에 원서 접수하는 날이었다. 낮에 마산여상(현재 무학여고)에 다

260 주황색 거짓말

녀온 형부 입만 쳐다봤다. 당시 고입 연합고사는 필기 180점에 체력장 20점을 더한 200점이 만점이었다. 하지만 체력장 시험을 치르기 위해 따로 시간을 낼 수 없었다. 필기시험만으로 합격해야 하는 불리함을 안고 더 절박하게 공부하고 있었다. 잔뜩 기대하고 있던 나는 뭔가 어긋났다는 느낌에 뒷목이 뻣뻣해졌다.

"우리 처제, 고등학교는 내년에…, 내년에 가야겠다."

형부는 어렵게 말문을 열었고 그 말이 무슨 뜻인가 헤아려 보다 희망이 와르르 무너지는 소리를 들은 나는 말문이 막혔다.

"마산으로 전입이 되어 있어야 입학시험을 볼 수 있다잖아. 왜 아무도 그 생각을 못 했을까. 내년에는 틀림없이 학교 갈 수 있게 형부가 바로 촌에 전화해서 퇴거신고 하라고 했다. 1년간 학비 조금 더 번다 생각하고 기다리자. 1년 퍼뜩 간다."

언니의 위로도 듣기 싫었다. 이 무슨 난데없는 횡포인지. 바닥을 짚고 오르려던 존재감이 다시 곤두박질쳤다. 바닥에 납작 엎드려 있을 때보다 더 아팠다. 엄마가 늘 말하는 속이 문드러진다는 것이 이런 건가 싶었다. 누구라도 붙들고 도대체 또 1년을 어떻게 견디라는 거냐고 소리치고 화내고 싶었다. 원고지 빈칸 같은 공백기는 열일곱 한 해면 충분하지 않으냐 따지고 싶었다. 그러나 대상이 없었다. 밀물에 감풀처럼 사라진 희망이 야속해 입

노란 내일 261

술을 감쳐물고 눈물만 뚝뚝 흘렸다.

꼬약꼬약 비틀리는 심사에 얼굴이 찌들어 갔다. 묻는 말에나 겨우 대답하고 시선은 먼 허공에 두거나 코가 닿도록 땅을 내려다보기 일쑤였다. 수험공부는 내팽개쳤다. 또래에 편입되지 못한 불안은 의욕을 갉아먹었다. 어디로든 흔적 없이 사라지고 싶었다.

특근한다는 핑계로 일요일에 집을 나섰다. 마산역 대합실에서 기차 요금을 살펴봤지만, 수중에 있는 돈으로는 갈 만한 곳이 마땅치 않았다. 이대로 집으로 가면 언니의 질문이 많아질 것이기에 무작정 시내버스에 올랐다. 낯선 바닷바람을 따라 어느새 어시장에 도착해 있었다. 차가운 바람에 정신을 좀 깨우고 싶었는지도 모르겠다. 북적북적한 활기를 훔치고 싶었는지도 모르겠다. 말로만 듣던 온갖 생선을 구경하며 시간을 때웠다. 걷다 보니 고등어에 자꾸 눈길이 갔다. 익숙하게 봐왔던, 낱낱이 발린 속에 똑같은 모습의 고등어를 하나 더 품고 있는 간고등어가 아니라 한 마리씩 낱개로 있는 생물 고등어였다. 바다 도시인 마산에서는 굳이 간고등어가 될 필요가 없겠구나, 큰 깨달음이라도 얻은 것처럼 고개를 주억거렸다. 생물 고등어는 학생이 된 친구들처럼 탱탱하고 매끈매끈한 것이 금방이라도 튀어 올라 바다로 뛰어들

것 같았다. 기대와 희망이 사라진 빈 가슴에 근심과 불안을 한가득 채우고 그것들이 상할까 소금까지 치고 있는 내 모습을 생각하니, 그 겨울 리어카에 실려 먼 북쪽 마을까지 온 간고등어가 생각났다. 그때는 생각하지 못했지만, 간고등어에도 등 푸른 시절이 있었음을 떠올렸다.

엄마는 간고등어를 쌀뜨물에 오래 담가두었다. 짠 기도 빠질 뿐 아니라 비린내도 없어지고 살도 연해져 생고등어보다 맛있어진다고 했다. 그마저도 비리다고 입에 대지도 않았던 나는 문득 엄마가 구워주던 간고등어가 미치도록 먹어보고 싶어 군침이 고였다. 어시장을 뒤졌지만 간고등어는 없었다. 아쉬운 대로 생물 고등어를 사서 생선가게 주인 눈치를 보며 봉투를 몇 겹이나 쌌다. 생선 싫어하는 건 온 식구가 다 아는 사실이기에 고등어를 사 온 나를 보고 이게 무슨 일이냐며 깜짝 놀랄 언니 얼굴이 떠올랐다. 마음속 소금기를 뺄 쌀뜨물이 필요하다고 말할까. 등 푸른 고등어처럼 넓은 바다를 힘차게 튀어 오르고 싶어서라고 할까. 버스에 오르는 발걸음이 한결 가벼웠던 그런 날이 있었다.

노란 내일 263

망막정맥폐쇄증

7년 무사고 운전이면 2종 보통 면허에서 1종 보통으로 전환해 준다. 자격 조건은 그전부터 충족했지만, 굳이 운전면허시험장까지 가서 바꿀 사정도 시간도 없어 미뤄뒀었다. 얼마 전 개명을 하고 당일에 운전면허증을 발급받기 위해 면허시험장을 방문했다. 간 김에 1종으로 변환하기 위해 시력검사를 받게 되었다. 대수롭지 않게 생각하다 아차 싶었다. 오른쪽 눈을 가렸다. 아뿔싸, 왼쪽 눈으로 보는 세상은 암담했다. 군데군데 시커멓게 뭉개져 사물이나 글씨를 제대로 인식하지 못하게 하는 자리가 전보다 더 넓게 퍼져 있었다. 뭉개진 부분을 추리하며 겨우겨우 시력 검사를 통과했다. 생각해 보니 방치한 시간이 꽤 길었다.

병원 문밖으로 발을 내디뎠다가 그 자리에 멈춰 섰다. 쏟아지는 햇빛 때문에 한쪽 눈으로 거리를 가늠한다는 것이 쉬운 일이 아니었다. 주사를 맞은 왼쪽 눈이 안대 속에서도 아리고 쑤시고 눈물이 줄줄 흐르는 통에 더 정신을 차릴 수가 없다. 망막의 정맥 혈관이 막혔다가 터지면서 출혈과 부종을 일으키고 있단다. 혈관이 터지면서 피가 산재한 부분이 군데군데 뭉개져 보여 시야 결손을 가져오는 것이다. 고혈압이 주요 원인이라는데 내게는 해당하지 않아 구체적 원인을 알 수 없다고 한다. 완치를 기대할 만한 만족스러운 치료법이 없어 눈에 주사를 맞으며 산재한 피를 제거하는 약물 치료를 했다. 매달 치료를 받아야 한다는데 몇 년 지나니 불편함도 익숙해졌는지 그럭저럭 지내며 병세를 키워왔다.

싸울 때 싸우더라도 마음에 햇살이 가득한 날은 도란도란 그 햇살 나눌 터울 적은 자매 하나가 그리웠다. 엄마는 늘 바빴다. 위아래로 남자 형제들이 각각 둘씩 포진해 있는 틈에서 자라면서 혼자 생각하고 혼자 결정하는 것에 익숙했다.

"이기, 이기, 간이 이래 커서 후제 뭐가 될라고 이라노." 가끔 엄마의 야단을 들으면 슬며시 내 의견을 꺼내보기도 했다. 하지만 내 뜻이 받아들여지지 않는 걸 경험한 뒤로 의논이란 건 의사결정을 하는 데 불편한 절차라 생각했다.

결혼을 하면서 강력한 뒷배가 생긴 거 같아 든든했다. 뭐든 내 편을 들어주고 내 의견에 전적으로 동의할 줄 알았다. 하지만 이 남자, 벗바리는커녕 무조건적 반대론자가 되어갔다. 살림에 보탬이 될까 하고 부업거리를 집에 가지고 와서도, 아이들이 어느 정도 자란 후의 경제활동에 대비해 자격증 공부할 때도, 운전면허를 따고 처음 차를 살 때도 무조건 반대부터 하고 나왔다. 밖에 나갈 생각 말고 자기가 100원 벌어다 주면 100원 갖고 살라는 세상 물정 모르는 소리만 해댔다. 하지 말라 하니 더 하고 싶어졌고, 하고자 하는 일이 자꾸 남편에게 막히면서 나는 점차 숨기는 일이 많아졌다. 설명도 설득도 먹히지 않는다고 판단해 목전에서 통보하는 방법을 택했다.

"나, 내일 모임 가." "나, 반찬가게 할 거야." "나, 부동산 할 거야. 유동자금 필요하니 집 대출받아 줘."라며 집안 대소사를 일방적으로 알렸다. 켕기긴 했지만 보란 듯이 잘 해내서 내가 맞았다는 걸 보여주고 싶었다. 하지만 반찬가게도 부동산도 잘 안 됐다. 그러다 보니 사이는 점점 더 냉랭해졌다. "나, 내일부터 관리실로 출근해." 부동산을 접고 그전 업이었던 아파트 관리소에 취직이 되어 출근할 때도 마지못해 의무감으로 한마디 했다. 갚지 못한 대출금처럼 앙금은 쉬이 가시지 않았다.

한쪽 눈으로 보는 세상은 앞으로 걷는데도 뒤로 밀리는 것 같았다. 오른쪽 눈은 시력이 나쁘지 않은데 택시 손잡이를 잡을 때도, 요금을 치르기 위해 카드를 꺼낼 때도 손이 자꾸 헛짚었다. 사물은 보이는 것보다 조금 비껴 있었다. 알고 나서는 초점 맞추기 위해 생각하고 계산하는 시간이 필요했다. 행동은 느리고 어둔해졌다. 그러다가도 무심코 손을 내밀어 허방을 짚었다. 잠시 안대를 풀어봤다. 세상이 선명했다. 아파서 신경 쓰이게만 한다고 여긴 왼쪽 눈의 역할이 새삼스러웠다. 앞도 잘 못 보면서 아프기까지 해 성가시고 불편한 왼쪽 눈. 책이라도 집중해서 읽을라치면 눈곱에, 눈물에 손수건으로 아무리 닦아내도 앞을 뿌옇게 만든다. 오른쪽 눈 아니었으면 어쩔 뻔했냐고 타박하기 일쑤였다.

타박하고 원망한 것이 어디 왼 눈뿐이었으랴. 통증 때문에 강제긴 하지만 두 눈을 감고 고요히 앉아 있자니 저절로 성찰의 시간이 찾아왔다. 그토록 원하는 터울 적은 자매가 있다고 해도 내 눈에 거슬리는 점만 콕콕 찍어 내는 내 성격에 우애가 좋으리란 보장도 없다. 엄마를 왼쪽 눈 취급하기도 했지. 물질이든 애정이든 내 결핍의 원인은 엄마라 생각하고 시야를 좁히고 살아왔는지도 모르겠다. 남편은 또 어떻고. 나는 잘난 오른쪽 눈이었고 남편은

노란 내일 267

적은 월급에도 만족하고 사는 소시민 중 소시민, 깨알 시민이라고 생각했다. 삶을 점핑시킬 수단도 없고 방법도 찾지 않고 그저 현재에 만족하며 사는 모습이 답답했다. 다르게 생각하면 큰 사고 치지 않고 말썽 없이 자족하는 삶이니 나쁘지 않은 모습일 수도 있는걸. 어쨌거나 꼬박꼬박 갖고 오는 남편의 월급이 있었기에 일하기 싫어하는 내가 중간중간 놀아가며 이만큼이라도 균형 잡고 살아오지 않았겠는가.

망막정맥폐쇄증 덕분에 반성의 시간은 깊어지고 그동안 티격 난 마음에 징검다리라도 놓인 기분이었다. 저녁상에 남편이 좋아하는 막걸리라도 사다 놔야겠다 싶어 한쪽 눈으로 간신히 현관문을 열었다.

"눈을 왜 가리고 있어? 애꾸눈 선장이냐?"

안대를 하고 있는 나를 보고 남편이 말했다. 내가 언제부터 눈이 아프다고 했는데 사람 말은 귓등으로 흘리고, 그랬다 쳐도 첫마디는 아프냐고 묻는 것이 인지상정 아닌가. 병원 대기실 보니 다들 보호자 동반하고 왔더구먼. 근무 중엔 잠깐의 외출도 큰일 나는 줄 아는 사람이라 아예 말도 안 꺼내고 나 혼자 갔다 왔건만, 사람 상태를 보고도 그렇게 데퉁한 소리밖에 못 할까. 따따부따

268 주황색 거짓말

대꾸하려다 반성한 시간이 아까워 침을 꿀꺽 삼켰다. 냉장고에 막걸리 있다는 말도 꿀꺽 삼켰다. 방치한 시간이 있는데 해피엔 딩이 단번에 오진 않겠지. 그래…, 왼 눈에 안약 넣을 시간이다.

사위 살림, 아들 살림

"갑자기 우리 딸이 펑펑 울면서 엄마가 왜 사위 살림을 살아주려고 하냐며 버럭버럭 소리를 지르는 거야. 집 없어도 된다면서."

한 달에 한 번, 동 대표 회의가 끝나면 저녁 식사를 한다. 다른 아파트 관리실은 회의 끝나면 다들 바로 집으로 간다는데 우리 단지는 꼭 식사까지 한다. 1년이 넘었지만 여전히 편한 자리는 아니다. 그들의 대화에 낄 때 끼고 빠질 때 빠지며 적당한 리액션으로 분위기를 맞추다 슬쩍 휴대폰을 들어 시간을 확인하는데 한 동대표의 말이 귀에 들어왔다. 사위 살림? 무슨 뜻이지? 귀를 기울였다.

만삭인 딸이 출산과 산후조리를 위해 친정에 와 있단다. 딸을 보니 이제 아이 낳아서 언제 키우고 언제 집을 사나 걱정이 앞섰던 모양이다. 이렇게 해서 돈을 모아라, 저렇게 해서 집을 사야 한다, 딸 살림에 보탬이 될까 조언했단다. 제 부부 살림에 이래라저래라 하는 간섭이 싫었던 딸은 엄마는 엄마 살림이나 살지 왜 사위 살림까지 살려 하느냐며 상한 속을 꺼내 보인 것이다. 엄마가 살아온 방식과 딸이 사는 스타일이 다른데 자꾸 엄마 방식을 강요하니 참다가 폭발했는지도 모르겠다. 근래 인터넷에서 본 기사가 떠올라 조심스럽게 한마디 거들었다.

"요즘 젊은이들 모토가 적당히 벌고 아주 잘 살자래요. 현재의 시간에 집중하고 살겠다는 뜻인 거 같아요. 바람직한 생각…."

"그래요? 아니, 적당히 벌어서 어떻게 잘 살아? 말이 안 되지, 그건."

나름 위로의 말을 건네던 나는 얼른 말꼬리를 말았다.

적당히 벌고 아주 잘 살자. 얼마나 근사한 생각인가. 오로지 그 비싼 집 한 채 사기 위해 온 젊음을 저당 잡혀 바둥바둥해도 집값은 수직의 오르막길이다. 쉼 없이 그 길을 따라가느라 오늘은 언제나 고단하고 저만치 미루어 둔 행복은 늘 그만큼의 간격을 유지한다. 적당히 벌어 지금의 생활에 집중하고 가치를 높여 살겠다고 한다. 물질에 기준을 두는 누구는 그것이 '패배'라 말하기도 하고, 어차피 사지 못할 집이니 '도피'라 말하기도 한다. '부유하게 살다'란 뜻의 '잘살다'로 살아온 이들은 그렇게 말할 수 있을 것이다. 하지만 '옳고 바르게', '좋고 훌륭하게'란 뜻을 가진 '잘'이라는 단어와 '살다'가 결합하여 인생의 가치와 의미, 여유와 행복을 기준 삼은 '잘 살다'로 살겠다는데 이 얼마나 반갑고 고마운 일인가.

며칠 후 퇴근하고 집에 오니 거실 바닥에 차량 팸플릿이 여러 개 굴러다녔다. 몇 년 전쯤 내가 타던 구형 싼타페를 아들에게 팔았다. 제 돈 내고 사야 차도, 돈도 귀하게 생각할 것 같아서 녀석이 푼푼이 모은 200만 원을 거의 강제로 받아 챙겼다. 그때도 고물차였는데 몇 년 지나니 더욱 노후되어 차를 볼 때마다 불안한 마음이 들었다. 차를 바꿨으면 했지만 비싼 가격을 생각하면 선뜻 권할 수도 없었다.

"뭐야? 설마, 사려고?"

"사야지. 내 차 만날 불안하다며?"

"어… 그래. 어떤 차 살 거야? 네 친구 샀다던 코나?"

언젠가 녀석 친구가 소형 SUV 차를 사서 두 녀석이 이따금 캠핑 다녀오던 생각이 나서 물었다. 녀석은 고개를 흔들었다. 싼타페 신형을 사겠다고 한다. 그게, 돈이 얼만데. 소형 SUV 코나가 젊은 애들 혼자 타기 딱 좋지 않겠느냐고 설득했다.

"친구가 그 차 타보니 작대. 할부 끝나면 큰 차로 바꾼대."

아, 이 자식들이 겉멋만 들어서 그 나이에 코나 정도면 훌륭하지, 무슨 큰 차? 속이 조금씩 부글거렸다.

"저기요, 아드님. 네 월급이 얼만데? 할부 끼고 사야 할 거 아냐. 할부금에, 자동차세에 싼타페는 자동차세도 엄청 비싸단 말이야. 배기량이 2,000CC잖아. 50만 원 넘거든. 너 캠핑 다니려고 그러는 거지? 1년에 몇 번 가는 캠핑 때문에 그 큰돈을 쓴다고?"

목소리 톤이 '솔' 정도 높이로 올라갔다. 엄마 속이야 타든 말든 녀석은 싱글싱글 웃기까지 했다. 새 차 살 생각에 기분이 째지는가 보다. "좋아. 그럼, 투싼은 어때? 엄마 차도 투싼이니 알지? 그 정도 크기면 운동장이지." 협상 카드를 내밀었다.

"투싼도 옵션 넣으면 3,000이에요, 엄마. 그러느니 싼타페 가솔린은 웬만한 옵션 다 있으니까 그게 낫지. 그리고 엄마, 나 이번에 차 사면 폐차할 때까지 탈 거야."

녀석은 마음을 딱 정한 모양이었다. 이 녀석을 어떻게 설득할까, 며칠 동안 골치가 아팠다. 다시 생활비를 내라고 할까. 빨리 목돈 만들어서 독립하라고 달마다 받던 생활비도 끊어주었건만 엉뚱한 데 돈을 쓰려고 하니 애가 탔다.

노란 내일 273

얼마 후 다시 마주 앉았다. 몇 년 지나 새로운 모델의 신차가 나오면 또 사고 싶을 것이다, 그러니 작은 차 타다가 연봉 좀 오르고 여유 생길 때 큰 차로 바꾸는 게 어떠냐고 물었다. 물론 작은 차를 사더라도 폐차할 때까지 타게 할 생각이었다.

"엄마, 현재 생활에 집중하고 행복하게 잘 사는 게 중요하다며? 차 할부금만큼 다른 데 돈 안 쓰고 아껴서 잘할게. 나도 나름 계산이 있다고요."

아 그래, 그랬지. 오늘 행복하기. 같은 사안이라고는 전혀 생각 못 했는데 녀석은 건성 듣는 거처럼 하면서 절묘한 타이밍에 허를 찔렀다. 괜히 더 큰 소리로 말했다.

"그래서, 응? 그러다가 언제 돈 모아서 독립할 건대! 낼모레면 서른이야, 서른."

"엄마, 봄 되면 엄마도 같이 춘천호 캠핑 한번 가자. 엄마는 아무것도 하지 말고 차 안에서 종일 엄마 좋아하는 책 실컷 읽어. 음식 내가 다 할게."

으응? 캠핑? 책? 눈웃음을 살살 치며 말하는 아들 녀석의 말에 끓던 부아가 가라앉으며 차 사는 데 얼마를 보태줄지 머릿속 잔고를 뒤적였다. 그동안 녀석이 준 생활비 모아놓은 거에다 지난번 적금 탄 거 보태서 주면 할부금이 다소 줄겠지.

아, 나도 저런 넓고 아늑한 집 갖고 싶다. 아들 셋을 걱정 없이.

부록

통게통게, 울끈불끈

조정래 『아리랑』 문학 기행

1

책을 읽는 동안 꿈자리도 사나웠다. 일본 놈들한테 쫓기고 총을 쏘고 산을 타고 그러다 잠에서 깨면 온몸에 힘이 잔뜩 들어가 있고, 여름 아침이 서늘했다. 선연한 꿈속을 되짚으며 만주로 떠난 송수익은 어찌 됐을까 생각했다. 아비가 각자 다른 세 아이를 낳은 보름이 운명은 또 어찌 될 것인지. 동학 운동에 이어 독립운동으로 쫓기는 신세가 된 지삼출은 식솔들 데리고 몰래 군산으로 스며들 수 있을까. 빚에 떠밀리고 일본 놈들과 그 앞잡이들에게 속아 하와이 사탕수수밭으로 팔려 가 노예생활 하는 방영근은 조선으로 돌아올 수나 있을지. 남다른 미모 때문에 더한 고초를 겪는 수국은 일본 놈이 정보원으로 키운 양치성으로부터 무사할 수 있을지. 떠오르는 등장인물 하나하나 마음 안 쓰이는 사람이 없

부록 277

었다. 토지조사사업으로 눈 뜨고 내 땅 다 뺏긴 후 드넓은 만경들 판을 바라보며 배곯는 농민들 심정에 아침부터 울화가 치밀었다. 공허 스님은 송수익을 사모했던 청상 홍씨 부인과 어찌 선잠후사 (잠 먼저 자고 나서 사귄다는 시쳇말)를 하셨을까 생각하니 입꼬리가 올라가며 마음 한구석이 따뜻해지기도 했다.

일본 놈들은 말할 것도 없지만 그에 못지않은 더러운 종족들. 민족이야 거덜 나건 말건 아귀 같은 제 뱃속 채우기에만 급급해 놈들보다 더 독하게 제 민족을 탄압하고 짓밟으며 일본 놈 개가 된 장덕풍, 장칠문 부자와 백종두, 백남일 부자. 그리고 이동만 등의 인물들은 을사오적을 비롯해 나라를 팔아먹은 그것들과 비교해도 하등 덜할 것 없는 동질들이다. 끝끝내 수국을 괴롭히는 빨대 양치성을 비롯한 밀정 놈들 역시 나라의 독립을 더디게 만든 원인이란 생각에 가슴속은 또 울분에 싸인다.

시작은 박은실 작가였다. 글 좀 쓰라는 닦달이 필요한 사람들 넷이 모인 단톡방에서였다. 단톡방 이름은 '아흐 동동다리'이다. 열심히 읽고 열심히 쓰고 싶은데 직장에 매여 늘 동동거리고 사는 우리 일상을 고려가요 「동동」에서 아무 연관도 없이 갖다 썼다. 이 얘기를 듣고 어떤 선배는 엄청나게 웃긴 얘기를 들었을 때나 나올 법한 웃음소리로 박장대소했다. 멤버는 이민옥, 박은실, 이성화, 권담희, 네 명이며 때로는 '아흐동 주민'이라 칭하기도 한다. 글의 특징으로 구분해 휴머니스트, 로맨티스트, 리얼리스트, 유머리스트라는 각각의 캐릭터를 갖고 있기도 하다.

한여름이었고 지루한 날들이었다. 요즘『아리랑』을 다시 읽고 있다는 은실의 말에 처음엔 시큰둥했다.『태백산맥』을 읽어본 바로 그분의 대하소설을 읽는다는 건 긴 호흡과 많은 에너지가 필요하다는 걸 알기 때문이었다. 그리고 그즈음 그분의 신작『천년의 질문』을 읽고 있었다. 하도 책이 길다 하여 이번엔 세 권짜리를 냈단다. 빠르게 세 권을 다 읽고 나니 달콤 쌉싸름한 짝사랑이 끝난 듯 마음이 허했다. 좀 더 긴 가상 세계가 필요했다. 은실이 읽는다는 아리랑 고개를 넘어볼까, 마음이 동했다. 개인적으로 일제 강점기 얘기는 읽으나 마나 열불 터지는 일이 뻔해서 그다지 선호하지 않았지만, 그 여름 일본의 경제보복으로 시민들의 자발적인 일본 불매운동이 벌어지고 있었다. 그동안 일본에 대해 막연하고 엷은 적대감이나, 그것조차 의식 안 하고 살아온 시민들의 역사의식이 새롭게 고취되는 느낌이었다.

책이 도착했다. 열 권도 아니고 열두 권짜리였다. 바라보고 있자니 여느 책처럼 콩닥거리는 설렘 대신 묵직한 바위 하나가 가슴에 꽉 들어찼다. 저 열두 권 속에 얼마나 많은 눈물과 고통의 이야기가 얽히고설키어 있을까, 숨을 깊게 들이마셨다.

곧이어 민옥이 아리랑 대열에 합류했고, 성화까지 모두 올라탔다. 시작이 다르니, 혹시 스포일러가 될까 봐 내용을 아끼다가도 한 번씩 울분에 찬 성토를 했다. 그렇게나 먹을 게 없어 어찌 살았을까. 자작농이든 소작농이든 소출한 것 다 뺏기고 굶주리다 허망하게 죽어나가는 부분을 읽을 때는 밥 먹을 때마다 그 생각이 떠올라 음식 앞에 경건해지곤 했다. 은실은 너무 배고프게 살았던 그네들에게 미안해서 밥 한 숟갈 덜 먹는다고 했다.

먼저 책을 다 읽은 은실은 이렇게 말했다. "책을 읽고 나서 이런 생각도 들었어요. 총 맞아 죽고 굶어 죽고 얼어 죽고 그리다 죽고 수많은 죽음이 있는데 나는 과연 어떻게 죽어야 하나. 어차피 죽을 거라면 의롭게 죽어야 마땅하지 않나, 이런 생각이요." 성화는 그렇게 죽음으로 지킨 나라에서 잘, 그리고 제대로 살아야겠다고 생각했단다. 민옥은 그 시대에 살았다면 누구처럼 살았을까, 생각해 봤으나 의병은 못 되었을 거 같다고 했다. 온갖 핍박과 고문이 살 떨리게 무섭다고 성화가 말했다. 그도 그럴 것이 산 채로 사람을 나무에 묶어놓고 얼굴 가죽을 벗겨내는 장면을 읽을 때는

280 주황색 거짓말

한 줄 읽고 눈을 감았다가, 한 줄 읽고 치를 떨며 책을 덮었다. 다 읽어내기가 감정적으로 너무나 고역이었다. 겪은 사람도 있고 글을 쓴 사람도 있는데 읽는 것도 못 하느냐, 자책하며 겨우겨우 읽었다. 나는 과연 의병으로, 독립군으로 살았을까 생각해 보니 욱해서 나서놓고 계속 후회할 거 같았다.

책 속에서 누군가 말했던 거처럼 그때 조선의 인구보다 쳐들어온 일본 놈들 수가 훨씬 적으니 각자 한 놈씩 죽이고 죽는다면 나라를 그렇게 허망하게 뺏기지는 않았을 텐데, 이런 단순한 생각도 해가면서 톡방은 여름 내내 불끈불끈 달아올랐다.

읽어도 읽어도 겨우 1년 지나 있고, 손가락으로 꼽을 수도 없이 아직 해방이 멀었다는 계산이 들면 암울했다. 해방이 된다 해도 곧 이어질 또 다른 비극을 알기에 해방된들 뭐 하겠나 싶다가도 그래도 소설 속 사람들이 해방을 맞으며 잠깐이라도 기쁨을 만끽한다면 그간 책을 읽느라 애 닳고 힘들었던 내게도 쉼이 될 거로 생각했다.

9월 15일, 드디어 12권 마지막 책장을 덮었다. 8월 10일 시작해서 한 달하고 닷새를 『아리랑』에 푹 빠져 살았다. 계절은 어느새 한여름을 빠져나와 바람 좋은 9월에 들어서 있었다. 사납고 거친 시대를 민초로 산다는 것은 무엇인지. 지배층과 피지배층의 관계는 무엇인지. 한 줄 한 줄, 한 장 한 장 많은 의문에 밑줄을 그었다. 촘촘하고 예리한 서사 구조와 그 시대의 다양한 비극을 빼놓지 않고 에피소드로 다루며 방대한 인물들의 지난한 삶을 엮어낸 작가의 위대함에 무한한 존경심이 저절로 생겼다.

『아리랑』의 배경인 일제 강점기와 작가가 이 책을 썼던 1990년대와 내가 책을 읽은 2019년 여름, 과연 달라진 것은 무엇일까. 물론 식민지 시대는 끝났지만 그건 겉모습일 뿐 여전히 청산하지 못한 친일파들의 득세 속에서 알게 모르게 우리는 경제적 식민지 속에 사는 것인지도 모른다. 그나마 올해는 일제 강제징용피해자 배상 판결 문제로 발발한 일본의 경제보복이라는 헛짓거리에 국민의 60~70%가 대응한 불매 운동이 일어났고, 그 일로 경제 식민지란 인식 아래 일본을 넘어서자는 결의까지 하게 된 것은 참 다행이란 생각이다. 나부터도 이 책이 나온 지 20년도 넘어서 읽었으니 그동안 비극이 해소되지 않은 답답한 시대의 역사는 외면해 온 것이다. 그 험한 시대를 살다 앞서간 이들에게 부채감이 느껴졌다.

2

9월 28일 아침 8시. 대공원역 3번 출구 주차장에 차를 대놓고 멤버들을 기다렸다. 과연 갈 수 있을까 반신반의했던 아흐동 주민들과 문학 여행이 시작되는 아침, 바람은 산들산들하고 햇살은 포근포근했다.

아흐동 주민은 아직 해외여행 한 번 못 가본 사람이 둘, 딱 한 번 가봤다는 이가 하나, 여기저기 잘 싸돌아다니는 사람 하나로 구성되어 있다. 임헌영 교수의 신작 『유럽문학기행』 책을 받고 서로 소감을 얘기하던 중 너도나도 러시아 문학 여행 한번 가고 싶다는 아우성에 '1단계 적금 넣고, 2단계 나라 정하고, 3단계 다녀오고, 4단계 기행문 포함 동인지 내기'라는 큰 그림으로 의기투합 적금을 시작했다. 기간은 멀리 3년 후를 기약했으니 아직 꿈같은 일이다. 우선 워밍업으로 가을 여행이라도 다녀오고 싶다는 동 주민들의 의견에 군산 여행을 제안했다. 완독한 사람이건, 안 한 사람이건 아직 우리는 『아리랑』 속에 있었기 때문이다. 가기 전 책 완독하고 9월 28~29일 1박 2일로 떠나자. 결정하고 나니 마음은 벌써 여행 중이다. 여행은 숙소를 정하고 일정을 짜는 떠나기 전 준비단계에서 오는 설렘과 기다림, 그리고 다녀와서의 되새김질까지 모두 포함한다.

그러던 중 『아리랑』에 불을 지핀 은실이가 딸과 함께 하는 코타

부록 283

키나발루 해외여행이 그 며칠 뒤에 잡혀 있어 우리 여행에서 빠지게 됐다. 딸도 없고 해외여행도 못 가본 내게 염장을 질러대며.

군산 여행을 계획했지만 김제를 빼놓을 수 없었다. 사실 군산보다는 김제 만경평야를 더 만나고 싶었다. 『아리랑』 속 농민들이 모진 고초를 겪은 배경도 김제이고 아리랑문학관도 김제에 있었기에 꼭 가야 했다. 일찍 출발한다고 했지만, 주말이라 길이 밀리는지 내비게이션은 휴게소가 없는 국도로만 길 안내를 했다. 여행은 휴게소 들르는 맛도 포함인데 살짝 아쉬웠지만 덕분에 12시 전에 도착할 수 있었다.

마침 지평선 축제 기간이었던 아리랑문학관 일대는 인파들로 인해 북적북적 축제 분위기가 물씬했다. 모두 쫄쫄 굶고 온 터라 문학도 식후경, 일단 축제 마당으로 들어섰다. 축제는 역시 먹거리 장터. 빈자리를 얼른 꿰차고 비빔밥과 청국장을 주문했다. 밥은 꿀맛이었다. 탱글탱글한 밥알에 고소한 참기름까지 더해진 비빔밥은 탁월한 선택이었다. 아, 징게맹갱외에밋들(김제 만경평야의 전라도 사투리) 쌀이라 이렇게 맛있는 걸 거야. 만족스러운 점심을 먹고 아리랑문학관으로 향하는데 책에서 접한 그 표현대로 가슴이 통계통계(두근두근의 전라도 사투리)했다. 문학관 안은 의외로 한산해 밖에 북적대는 사람들한테 왠지 섭섭했다. 입구에서 안내하는 분께 인사를 하고 우리는 자랑스럽게 말했다.

"우리 『아리랑』 다 읽고 왔어요."

생각보다 반응이 미지근했다. 연세가 좀 있으신 분이라 잘 못 들으셨나, 재차 강조했다.

"아, 다 읽으셨구나. 근디 그건 히스토리가 아니고 기냥 소설일 뿐이니께…."

"선생님, 『아리랑』 안 읽으셨죠?"

눈치 빠른 우리의 눈총에 긍정도 부정도 아닌 웃음을 웃으며 안내원은 문학관 내부를 열정적으로 소개했다.

1전시실 입구에는 작가의 육필 원고가 2.5m 높이로 탑처럼 쌓여 있었다. '글 감옥에서의 가출옥'이란 소제목이 금방 이해됐다. 1전시실은 1990년 『한국일보』 연재로 시작해서 해방 50주년을 맞은 1995년 8월에 총 12권의 책으로 출간된 『아리랑』에 대한 내용을 시대별로 구분해 잘 설명해 놓았다. 동학혁명 직후부터 일본의 본격적인 한반도 지배가 시작된 한일합병과 토지조사령이 발포되기까지의 이야기인 제1부 '아! 한반도'와 제2부 '민족혼', 제3부 '어둠의 산하' 그리고 제4부 '동트는 광야'까지 각각의 줄거리와 인물들의 이동 경로를 설명해 놓았다. 그중 제4부 줄거리 마지막 문단에 오래 눈길이 머물렀다.

8.15 해방이 되었다. 그러나 작가는 환희에 들뜬 서울의 거리를 그리지 않았다. 대신 중국인에게 쫓겨 만주 벌판을 헤매는 동포의 수난을 형상화하는 것으로써, 아직도 온전히 복구되지 못한 우리의 민족사에 대한 깊은 화두를 던져 주었다.

취재 시 사용한 여러 권의 여권과 수첩, 신발, 안경, 장갑, 녹음기, 카메라 등도 전시되어 있었다. 얼마나 고된 여정이었을까 가늠하다 코끝이 시큰했다.

전시된 『아리랑』의 원고 첫 장과 마지막 장을 보니 고친 데 없이 깨끗하다. 일필휘지로 한 번에 다 쓰시는 걸까? 『천년의 질문』 출간을 마치고 라디오 프로에 나와 했던 작가의 말이 떠올랐다. 아직도 원고지에 직접 글을 쓰며 쓰다가 문장이 잘못되었을 때는 물론이고 글자 하나, 점 하나가 잘못돼도 버리고 다시 쓴다던. 그 버리는 원고를 저에게 달라고 반半진심으로 말하는 라디오 진행자의 말에 나도 같이 탐을 냈던 생각이 났다.

2전시실 '아리랑, 지구 세 바퀴'에는 『아리랑』 취재와 구상, 집필의 과정이 고스란히 담긴 집필실이 있었다. 또한 손글씨의 집필 계획과 러시아, 중국, 하와이 등을 다니며 취재한 인터뷰 내용, 방문 지역 스케치 등 작가가 직접 그리고 기록한 전시품들이 가득했다. 감탄에 감탄을 거듭하던 중 오 씨들 이름이 가득한 노트를 발견했다. "어머, 웬 오 서방들이 이렇게 많아?" 남편이 오 서방이라 반가워서 한 말은 절대 아니다. 아니, 그랬나? 그런데 『아리랑』속 인물과 연결고리가 떠오르지 않았다. 인물에게 맞는 이름을 짓기 위해 작가는 성 하나에 종이 가득 빽빽이 각각 다른 이름을 써놓고 고심하며 고른 것 같다. 이름 하나도 허투루 짓지 않았으니 아리랑의 이 방대한 인물과 서사가 12권의 장편에도 불구하고 끝까지 긴장을 놓지 않게 한 것이리라.

3전시실은 인간 조정래의 모습을 느낄 수 있는 자료들이 전시되어 있었다. 사진으로 보는 작가의 인생, 학교 졸업 사진, 자화상과 가족사진들. 그의 푸릇하고 말간 젊은 시절 사진을 대하니 문득 한 생애 동안 사람이 할 수 있는 일이 이렇게 많은데 나는 뭘하고 살고 있나, 저절로 반성이 됐다. 여러 사람의 다양한 마음을 담아 아리랑을 필사해 보관한 4전시실을 끝으로 우리는 다음 여정을 위해 발길을 돌려야 했다. 멀지 않은 곳에 하시모토 농장과 아리랑문학마을이 있으니 들러보라는 안내원의 말에, 예정대로

라면 징게맹갱외에밋들로 가야 했으나 내비게이션에 아리랑문학마을을 입력했다. 문학관과 문학마을이 한 곳에 같이 있었으면 싶었다.

아리랑문학마을을 찾아가던 중 문제가 생겼다. 내비가 안내해 주는 대로 가다 보니 지평선 축제로 인해 군데군데 임시주차장을 만들면서 차량 통행을 막아버렸다. 이를 알 리 없는 내비는 땡땡 땡거리며 길을 잘못 들었다고 계속 제가 아는 길로 돌아가길 원했다. 임시주차장을 관리하는 현지 주민에게 물어 어림짐작으로 찾아가던 중 이번 여행에서 가장 기억에 남는 길과 마주했다. 역시 목적지로 가는 길은 여러 갈래, 가던 길에서 벗어난다고 해도 조바심 낼 필요 없다. 뜻하지 않게 어마어마한 풍경을 만날 수도 있으니까.

"우와, 장관이네. 혹시 이 길이 일본 놈들이 쌀 실어 나르기 편하게 만든 신작로 아닐까?"

"맞아. 그럴 수도 있겠다. 이 길을 닦느라 강제 부역한 김제 사람들이 생각나네. 『아리랑』 안 읽었으면 그냥 멋있다는 감탄만 하고 지나갔을 길이지?"

"어떻게 논 가운데에 신작로가 있을 수 있지? 난 논에는 논둑만 있는지 알았네."

두 눈에 미처 다 담기지도 않는 너르고 너른 평야 사이를 달리던 그 기분은 태어나서 처음 겪는 환희였다. 지리감이 좀 떨어지는 셋은 우리가 달렸던 그 신작로가 아마도 사진에서, 그림에서 보던 그 길이 아니었을까 나중에서야 짐작만 할 뿐이었다.

한편, 이 넓은 곡창지대의 누릿하게 익어가는 벼를 보고도 내 땅 다 **뺏긴** 채 배를 곯아야 했던 그때 농민들의 울화와 분노가 고스란히 전해져 왔다. 아리랑문학마을이 가까워오면서 이정표로 만난 내촌이란 마을 이름이 내 고향 이름이나 되는 것처럼 반갑고 아팠다. 김제 내촌, 외리 사람들의 고단한 삶을 『아리랑』에서 간접 체험한 까닭이리라. 아리랑문학마을은 소설 『아리랑』 속 배경을 재현해 놓은 곳이다. 주요 인물인 송수익, 지삼출, 감골댁 등의 가옥에 들어설 때는 실제 그 집에 그들이 있는 양 반갑기 그지없었다. 오밀조밀 초가집들이 사이좋게 어우러진 목가적인 풍경 그대로 그들의 삶도 평화로웠으면 좋았을 걸 하는 안타까움에 우리는 모든 집을 순례했다.

수탈과 핍박의 상징 '근대 수탈기관'으로 향하는 발길은 무거웠다. 친일파 백종두가 온갖 악행을 서슴지 않았던 죽산 면사무소, 내부로 들어서는 순간 취조당하는 소리에 나도 모르게 몸이 오그라지던 죽산 주재소, 일제의 정보수집기관인 우체국을 거쳐 정미소로 향했다. 형편없는 저임금에도 어쩔 수 없이 미선소에서 쌀 고르는 노동을 하며 배고픔에 저도 모르게 쌀을 훔쳐 먹다 들켜 혹독한 매질을 당하는 여자들의 울부짖음이 들리는 듯했다. 혹시나 몸 어딘가 쌀알을 훔쳐 갈까 작업이 끝나면 여자들을 줄 세워놓고 온몸을 더듬는 성추행이 자행되던 비극의 장소이다. 어디 하나 잔혹하지 않은 장소가 있으랴만.

1910년대 중국 하얼빈역을 60% 정도 축소 재현한 하얼빈역 광장으로 가는 길에 있는 이민자 가옥 앞에 발길이 멈췄다. 아무런 안내도 공지도 없이 연해주에서 중앙아시아로 강제 이주당한 사람들. 집도 절도 없이 짐처럼 부려진 사람들이 그곳에서 얻을 수 있는 딱 하나의 재료, 갈대로 엮어 지은 집이다. 책을 읽지 않고 그 집을 봤다면 특이한 집이네, 하고 스쳐 지났겠지.

하얼빈역에 도착해서는 기차를 기다리는 당시 사람들처럼 잠시 대합실 의자에 앉아 개찰구 쪽을 바라봤다. 플랫폼에 무슨 일이 생겼나 봐. 우리는 마치 그때 현장에 있었던 것처럼 감정이입하여 플랫폼으로 달려갔다. 그 시절 증기기관차가 미니멀하게 자리 잡고 있었고, 열차에서 내린 직후 안중근 의사의 방아쇠에 저

격당한 이토 히로부미와 총을 든 안중근 의사의 실감 나는 순간 포착 동상이 있었다. 통쾌한 그때의 하얼빈역을 상상하며 안중근 의사의 등을 자꾸 쓰다듬었다. 그분의 손을 잡고 팔짱을 끼고 감히 사진을 찍으며 잘하셨다고, 고맙다고, 감사하다고 모두 중얼거렸다.

차창 너머 어디에 눈을 두어도 거칠 것 없이 펼쳐진 징게맹갱외에밋들의 풍경은 그대로 그림이었다. 우리는 그림 속을 지나 또 다른 그림 선유도를 향해 달렸다. 말로만 듣던 새만금 방조제는 길 이상의 길이었다. 탁 트인 길과 양쪽으로 시원한 바다가 펼쳐져 있고 손닿을 듯 가까운 하늘엔 구름 쇼가 장관이었다. 일몰이 보이는 식당에 앉아 하루 여행을 마감하며 술 한잔 꼭 마시고 싶은 욕심을 버릴 수가 없어 선유도는 대충 한 바퀴 둘러보고 나왔다. 선유도는 그렇게 보면 안 되는 섬인데 언젠가 다시 긴 시간을 가지고 오리라는 기약만 바다에 새기고 다시 새만금 방조제 길을 되짚었다.

'바닷가 일몰' 노래를 부르는 민옥의 바람도 새만금 방조제 위에 던져놓고 블로그 검색 결과 일몰 뷰가 끝내준다는 새만금 횟집에 갔다. 역시 온라인과 오프라인은 이상과 현실만큼이나 괴리감이 있었다. 이럴 줄 알았으면 방조제 중간에서 아쉬운 대로 술 없이 그냥 일몰만이라도 볼 걸, 살짝 후회됐지만 모른 척 콜콜콜 술을 따랐다. 잦은 병치레로 허약 모드인 두 사람을 위해 회를 주문했다. 일몰 뷰는 사기당한 기분이지만 군산의 맛집으로 소문난 식당이라더니 음식 맛은 꽤 괜찮았다.

띵띵해진 배를 안고 숙소에 왔다. 호텔은 기대 이상이었다. 약간의 햇빛 냄새까지 나는 뽀송한 침구가 마음에 쏙 들었다. 그대로 눕고 싶었다. 새벽 6시부터 시작한 하루가 한 2, 3일 지난 듯 길게 느껴졌다. 그렇지만 숙소 근처에 음악분수와 어우러진 은파공원 야경이 아주 근사하다는 말에 다시 길을 나섰다. 벚꽃 피는 계절에 오면 야경이 더욱 찬란하리란 누구나 할 수 있는 예상을 하며 불빛으로 화려하게 단장한 물빛다리를 사부작사부작 걸었다. 산들한 밤공기는 파전에 막걸리를 불렀지만 이미 부른 배로 인해 커피 한 잔으로 아쉬움을 달랬다.

3

이튿날, 본격적인 군산 여행을 시작했다. 호남관세박물관(구: 군산세관 본관)에 주차를 하고 차에서 내려서는 순간 『아리랑』 속 군산을 만나는 것처럼 가슴이 또 퉁계퉁계했다. '군산 근대화

거리 도보 관광 순서도' 팸플릿을 보니 가고자 하는 곳이 모두 옆 옆에 있다. 두리번거리다 문득 눈에 띄는 것이 있었다. 인문학 창고 '정담'이라는 카페였다.

이곳의 '보'는 1908년부터 무려 111년 동안 보존되었다고 한다. 근대 이후 가장 오래된 건축물이며 사적 제545호로 등록되어 있다는 안내 입간판을 읽다 맨 밑에 '사진도 좋고, 구경도 좋고 음료 구매도 꼭꼭꼭 부탁드립니다.'라는 깨알 같은 영업용 문구에 커피를 안 마실 수가 없었다. 때마침 문턱까지 달려 나온 주인장의 열정적인 설명에 호응하느라 고개를 쳐들고 열심히 보를 살펴봤지만, 문외한의 눈으로는 그 가치를 다 알 수 없었다. 다만 111년의 세월은 다 어디로 갔는지 상태가 깨끗하다는 생각이 들었다.

고종 황제가 마시던 '가배'를 재현한 커피를 주문하고 복층 구조의 위쪽에 넓은 벽면을 가득 채운 책을 배경으로 사진을 찍었다. 커피를 보자 슬그머니 부아가 치밀었다. 그분이 그렇게나 좋아하는 가배를 드실 때 이곳 군산항 근처에는 만경평야 그 많은 쌀을 일본으로 실어내느라 개돼지처럼 부두의 막일로 누더기보다도 못한 삶을 이어가던 백성들이 있었다는 걸 알았을까, 몰랐을까!

여행은 일상에서 느끼는 시간 개념과 달리 몹시 느리게 흘렀다
가 순식간에 흐르기도 한다. 카페에서 멈춰 있던 시간이 문을 나
서자 뜀걸음으로 달려왔다. 우리는 서둘러 군산역사박물관으로
들어갔다. 해양물류 역사관을 비롯한 기획전시실과 근대 생활관
등이 박물관답게 잘 갖춰져 있었다. 벽면 위쪽 윤동주의 「서시」
를 보니 시대의 소명을 다한 사람에 대한 존경심이 우러났다. 수
탈의 역사와 이에 맞선 독립운동가들의 자료도 많았다. 벽 한쪽
에 있던 '역사를 잊은 민족에게 미래는 없다.'라는 문구에 속에서
울컥하는 뭔가를 지그시 누르며 박물관을 나왔다. 현재는 근대미
술관으로 사용하고 있는 (구)일본 제18은행 군산지점으로 향했
다. 몇 점 없는 미술 작품을 보고 은행 뒤쪽으로 가니 커다란 금고
가 있었다. '이 금고가 채워지기까지 우리 민족은 헐벗고 굶주려
야 했다.'라는 문구가 금고 위 벽면에 있었다. 죽일 놈들. 아리랑
을 읽으면서부터 욕이 제 맘대로 자꾸 나온다.

이번엔 사람들을 따라 좁은 계단을 올라 2층으로 갔다. 마음
이 묵직해지는 공간. 안중근 의사의 수감생활을 재현한 공간이었
다. 안중근 의사의 어머니가 쓴 편지를 찬찬히 읽으며 삶의 가치
에 대해 생각을 했다. 몇 걸음을 걸어 군산근대건축관(구: 조선은
행)으로 향했다. 4층 정도의 높인데 안으로 들어가니 2층짜리 건

물이었다. 충고가 높아 괜히 압도당하는 기분이었다. 은행이 생기면서 의병들은 독립자금 마련에 더욱 힘들었다. 때때로 친일파 놈들 집을 급습해 집 안 깊숙한 곳에 감춰둔 돈을 털어 자금으로 썼지만 몇 번 당해본 약삭빠른 놈들은 은행이 생기자 잽싸게 돈을 맡겨버렸다. 모든 것을 『아리랑』 속 이야기와 연결해 바라보니 여전히 불공정한 결과에 심장이 쿵쾅거렸다. 대가를 치러야할 사람, 보상을 받아야 할 사람이 언제쯤이면 제자리를 찾을까.

9월 말인데 날씨는 여름에 버금갔다. 지난밤 배탈 때문에 밤새 뒤척여 컨디션이 바닥인 나와 원래 연약한 여인과 요즘 연약한 여인은 슬슬 지치기 시작했다. 그래도 여기까지 왔는데 야채빵과 팥빵으로 유명한 '이성당'은 들러야겠기에 땡볕 속에서 휴대폰으로 길 찾기를 하며 걸음을 재촉했다. 사람들이 길게 줄을 선 걸 보니 멀리서 봐도 그 집임을 알 수 있었다. 마음 같아서는 그 줄 끝에 얼른 바짝 붙어 야채빵을 사고 싶었지만 빵 안 좋아한다는 여인1과 굳이 줄을… 하는 눈치의 여인2의 마음을 읽고 줄이 없는 신관으로 갔다. 신관에는 다양한 빵들이 그득했지만 팥빵과 야채빵은 없었다. 그 옛날 화천 장에 갔다 온 아버지 손에는 항상 군 것질거리가 들려 있었다. 그 생각에 몇 개의 빵을 골라 들고 다음

부록 295

코스로 향했다. 어마어마하게 큰 항아리가 있고 어마어마한 양의 항아리가 있다고 꼭 가보라는 지인의 말은 생각났는데 그곳의 이름은 영 가물가물했다.

"고… 뭐라 했는데. 엄청 이쁘다고 꼭 가보라 했는데."

머리를 쥐어짜다 폰을 들었다. '군산 고'라고 입력하니 고우당이 자동검색어로 떴다. 음, 고우당인가 보다. 가자. 일본식 가옥의 게스트하우스인 고우당은 가운데 연못과 정원이 있고 가옥이 빙 둘러 있다. 색다르고 예쁜 집이지만 체험해 보고 싶은 생각은 들지 않았다. 그런데 아무리 둘러봐도 엄청나게 큰 항아리는커녕 간장 종지만 한 것도 없었다. 다녀와서 안 일이지만 지인이 권한 곳은 익산 고스락이었다.

"아, 미안하다. 내가 술 한잔 마시고 다녀서 거기가 거긴가 했네."

저질 체력 덕분이지만 고우당에서 항아리 찾기를 빨리 포기하길 잘했다. 또 하나의 일본식 가옥 히로쓰 가옥으로 가니 마침 내부 수리 중이었다. 다음에 또 와야 할 이유가 생겼다. 점심을 먹고 출발할 예정이어서 더 지체할 시간이 없었다. 여행하다 보면 세끼를 다 챙겨 먹게 되지 않는다. 마음이 여유로워 그런지 일할 때보다 배가 고프지 않다. 그래도 먼 길 가야 하니 간단하게 먹고 가자는 의견을 모아 식당을 찾는 길에 초원사진관을 만났다. 영화

「8월의 크리스마스」의 촬영지였던 곳이다. 간판 좌우로 붙은 후지필름, 코닥필름 상표를 보니 정겹고 뭔가가 그리웠다. 전주 한옥마을 거리가 곱고 예쁘게 화장한 거리라면 군산 초원사진관 근처의 거리는 있는 그대로의 날것 같은 분위기였다. 마치 그 시절처럼 정비되지 않은 거리 그대로 부서진 담장과 낡은 담벼락들이 기억을 옛날로 옛날로 자꾸 끌고 갔다.

여행 떠나기 전 계획대로 다 못 보고 군산을 떠나왔다. 『아리랑』 속에 푹 빠져 여름을 서늘하게 보내고 뭔가 빚진 마음으로 김제, 군산을 찾은 여행이었다. 모든 여행이 다 그렇겠지만 군산 역시 미완의 여행이다. 다시 갈 때는 여행 일정을 오롯이 다 투자할 생각이다. 그리고 '아흐 동동다리' 팀이 적금을 타서 완전체로 러시아 여행을 할 때는 『아리랑』의 또 하나 무대인 블라디보스토크를 꼭 끼워야겠다.

요즘 SNS에서 '독립운동은 못 했지만 불매운동은 한다'라는 프로필 사진이 눈에 많이 띈다. 그 문구를 볼 때마다 괜히 가슴을 쓸어내리며 안도의 한숨을 쉰다. 역사를 아는 민족이니 우리 민족의 미래는 있는 거지?

작품 해설

행복을 찾는 여섯 가지 색깔

– 권담희 수필집『주황색 거짓말』에 부쳐

임헌영 문학평론가

1. 훔친 자두를 냇가에 던져버리기

산골 마을에서도 옹기종기 붙은 이웃들과는 동떨어진 외딴집에 사는 가난뱅이 소녀는 자두가 먹고 싶었다. 소문으로만 들었지 맛을 본 적도 없었던 그 자두는 홍 약방네 가게에서 팔았다. 어느 날 소녀가 어머니 심부름으로 그 가게 미닫이문을 열고 들어갔을 때는 그 댁 식구들이 모두 안채로 들어가 버렸는지 텅 비어 있었다.

"계…세요?"라고 한 음절을 내뱉고는 이내 자두에 눈을 붙박는다. "작고 동글동글한 고야에 비해 자두는 갸름하고 끝이 뾰족한 것이 여간 예쁘지 않다. 아주 빨갛지도, 아주 노랗지도 않아 더 달콤해 보이는 자두는 촌스럽게 검붉은 고야에 비할 바가 아니다."

작품 해설 299

소녀는 가게 문턱 너머로 약방을 정찰하며 자신의 욕망을 채울 틈이 있는지를 측정하고는 순간적인 충동에 못 이겨 슬쩍했는데 권담희 작가는 이렇게 간결하게 묘파한다.

'안 돼.' 머리를 흔든다. '딱, 한 알만.' 손을 내민다. '안 된다고!', '만져만 볼 거야.' 청군, 백군 줄다리기를 하듯 마음이 다툰다. 안채를 살피면서 허리를 구부려 자두에 손을 뻗는다. 매끈한 감촉이 미끄러지듯 손안으로 들어온다. 그러나 손은 눈보다 느렸다.(「홍 약방 집 자두」)

그 순간 "뭐 사러 왔…어?"라며 초등학교 한 학년 위인 약방 집 언니가 불쑥 들어섰다. 진열장에서 엄마가 사 오라는 걸 가리키는 순간 소녀의 해진 바지 주머니에서 자두가 굴러떨어지자 언니에게 애원의 눈길을 보내며, "이거… 내가… 내가 가져온 거야. 저기… 아, 이모네서, 우리 이모네서 따 온 거야."라며 둘러댔지만 소녀의 뇌리는 훔친 것에 대한 후폭풍들로 "온몸에 벌레가 기는 것처럼 오소소했다." 다행히 미심쩍은 표정인 언니가 더 이상 캐묻지 않았을 뿐만 아니라 가게를 나서는 소녀에게 "잘 가."라고 인사까지 하자 바로 돌아서서 고백하고 싶은 갈등도 생겼다.

여기까지의 사건 전개는 단일구성일 수밖에 없다. 그러나 이런 위기를 벗어난 소녀가 어떻게 대응했을까 하는 데서부터 작가에 따라 달라질 수밖에 없다. 심리주의 작가라면 자신의 약점을 쥔 약방 집 언니에게 무의식적인 기피증과 증오심이 복합된 복수심 까지 더해져 성장한 뒤에 그 언니의 애인을 유혹하게 된다는 막장극으로 흐를 수도 있겠다. 범죄소설 작가라면 소녀로 하여금 자두 한 개 도둑이 온 가게를 트럭으로 훔쳐낼 담력으로 간땡이를 부어오르게 삼을 수도 있다.

그러나 이 소녀는 달랐다. 귀갓길에서 그녀는 "차마 먹지 못하고 손에 꼭 쥐고 오던 자두는 개울 어디쯤 던져버렸다." 그토록 맛보고 싶었던 자두를 내친 김에 먹은들 어떠랴만 이걸 개울에다 냅다 던져버리는 이 대목을 그냥 지나치면 정교한 독자가 못 된다. 인간의 본능 중 식욕과 성욕은 가장 원초적인 욕망으로 이를 극복할 수 있다면 그 운세는 활짝 펴진다는 건 만고의 진리이기 때문이다. 더구나 산골의 철없던 소녀의 처지에서 이 정도로 차돌 같은 결기라면! 이 소녀는 여기서 그치지 않고 아래와 같이 다짐한다.

홍 약방집 언니가 이 일을 소문내지 않고 묻어 두는 조건으로 다시는 그 어떤 것도 훔치지 않겠노라 알고 있는 모든 신에게 일방적인 약속을 했다. 내 말을 들어주지 않는다면 마냥 삐뚤어지고 나쁜 아이가 되겠노라 협박도 했다. 다행히 약속과 협박이 통해 언니가 아무에게도 발설하지 않았는지 친구들 입이 잠잠했다. 이후 가게 문을 열고 들어가 한참을 있어도 주인이 나오지 않을 때와 같은 아슬아슬한 순간을 수없이 맞이했다. 그런 순간의 유혹을 이기는 내 양심의 기저에는 자두 한 알이 무겁게 자리하고 있다.(「홍 약방집 자두」)

"이후 가게 문을 열고 들어가 한참을 있어도 주인이 나오지 않을 때와 같은 아슬아슬한 순간을 수없이 맞이했다."라는 구절 역시 이 문장이 지닌 내포와 외연을 무한대로 확장시켜 독파해야 진정한 문학작품 애독자 자격이 있다. 인생행로란 누구에게나 크고 작은 차이는 있지만 조그마한 이로움에 눈을 멀게 하는 온갖 고혹적인 갈등의 순간을 맞는다. 이런 모든 유혹의 총칭으로서 이 문장에 나타난 주인이 자리를 비운 가게란 상징어를 독파하노라면 이 작품이 얼마나 멋진가를 느낄 수 있을 것이다.

2. 소문만복래의 유머 수필작가

302 주황색 거짓말

대체 이 소녀가 누구일까 묻는다면 초상집에서 실컷 울고 나서 누가 죽었나? 하는 우문이 될 것이다.

바로 작가 권담희다. 권 작가는 소문만복래笑門萬福來다. 아무 웃음이나 다 복을 초래하진 않는다. 그것은 폭소가 아닌 함박웃음을 품위 있게 지그시 억누르지만 어쩔 수 없이 스며 나오는 미소다. 이런 웃음 앞에서는 분노나 증오심이 아이스크림처럼 녹아내릴 수밖에 없다. 모든 숨겨진 검은 계략을 다 알고 있으면서도 그냥 넘겨주는 아량이 담겨 있다. 어디 그뿐이랴. 말 한마디 않고도 얼마나 진솔하고 올곧으며 진지하게 살아가고 있는가를 그대로 담아내 주기도 한다. 그래서 권담희 작가는 해결사다. 인생사의 모든 난제에 대한 해답을 줄 것 같기 때문이다.

이런 웃음을 듬뿍 담고 있는 것이 바로 권담희 수필의 매력이다. 얼굴을 통해 풍기는 인상 그대로가 곧 예술적인 형상화를 거쳐 독자들에게 삶의 오묘한 구석구석을 샅샅이 드러내 주는 것이 권담희 수필의 매력이다. 너무나 노골적이라서 차마 입에 담기조차 꺼리는 장면이나 비속한 표현도 권 작가의 웃음이란 미학적 기교에 녹아들면 지극한 교양미 풍기는 예술미로 승화되어 나타난다. 외설조차도 이런 기법의 세례를 받고 나면 품위를 갖춘 숙녀의 고상한 지적인 재치로 둔갑하고 만다. 한마디로 축약하면

작품 해설 303

권담희의 수필세계는 소문만복래의 축복이라 하겠다.

문학사에서는 이런 작가를 유머작가 혹은 풍자작가라 부르는데, 굳이 따진다면 권 작가 역시 이 부류에 속하기에 작가로는 버나드 쇼나 마크 트웨인, 안톤 체호프, 철학자로는 볼테르, 한국에서는 채만식, 김유정, 수필작가로는 한승헌과 같은 항렬에 속한대도 망발이 아니다. "사람은 웃을 수 있는 유일한 동물이다"(볼테르)라고 한 것처럼 그 웃음 뒤에는 오히려 많은 고난과 아픔이 빙하의 잠재 부분처럼 가려져 있기 마련이다. 유머 산문작가로 유명한 린위탕林語堂은 이렇게 말했다.

만일 우리가 천사라면 우리는 유머를 따로 필요로 하지 않으며 온종일 찬미가를 부를 것이다. 불행하게도 우리는 천사와 악마 사이의 조건을 타고 태어났다. 인간의 생활은 슬픔과 비애, 어리석음과 좌절로 가득 차 있다. 여기에 인간을 강하게 하는 활력소로서의 유머의 기능이 있다. 그것은 우주적인 연민 속에서 나타난다.(린위탕, 「동서양의 해학」)

한국에서는 걸레스님이란 애칭을 가졌던 중광도 이와 비슷한 말을 했다.

"나는 천당과 / 극락을 / 오른쪽 호주머니에 / 가지고 다니고 // 지옥은 / 발바닥 밑바닥에 / 가지고 다닌다 // 양심은 / 하늘에 걸어두고 / 이슬처럼 따 먹는다.(중광, 「미친 소리」)

권담희의 유머 수필이야말로 딱 이 말로 축약할 수 있다. 웃는 모습으로는 권 작가가 복 많은 집안에서 태어나 어려움을 모른 채 남의 사랑을 듬뿍 받은 복덩이처럼 느끼겠지만, 실은 전혀 그 반대로 얼마나 각고의 삶을 거치며 소문만복래의 웃음을 꽃피울 수 있었던가를 보여주는 것이 바로 이 수필집 『주황색 거짓말』이다.

모두 6부로 구성된 이 작품집에서 작가는 세상을 색깔로 구분한다. 바람은 봄빛, 현생은 새빨갛고 눈물은 하얗다. 마음자리는 보랏빛이며, 욱은 파르스름하고, 내일은 노란색이다. 이 여섯 가지 색깔을 다 품고 있는 웃음이 바로 권 작가의 매력이다.

맛이라도 보고 싶었던 자두를 자기 속죄를 위해 냇물에다 미련 없이 던져버린 착한 소녀상이 권담희의 전모라면 이 수필집은 천사수업 교재로나 쓰일 정도로 얼마나 따분할까. 오히려 그 반대 급부들, 보복심에 불타기, 복마전의 현실 속에서 살아남기, 실패와 좌절 등등. 첩첩산중을 이뤄서야 기암괴석이 늘어선 명산이 되듯이 이 수필집 역시 그런 작가의 치부들을 진솔하게 드러냈기 때문에 독자들에게 공감대를 형성할 수 있게 되었다.

예컨대 「콜라네 백합」에 나타난 소녀상은 「홍 약방집 자두」에서 만났던 소녀상과는 생판 낯설 만큼 그 속내가 옹골차고 매섭다. 산골 마을에서도 산골짜기로 더 들어가 맨 끝에는 두 집이 있었는데, 권 작가의 오두막에 가려면 콜라네 집을 지나야 했다. 그 집은 도시로 나간 큰언니 말고도 딸이 넷이나 되는데 선도 안 본다는 셋째가 콜라병처럼 예쁘다고 어려서부터 줄곧 콜라라고 불렀다.

평소에는 자매들 간에 늘 북적북적하고 시끄러웠으나 다른 집 애들과 싸움이 붙으면 순식간에 똘똘 뭉쳐 상대를 아작냈다. 그러기에 권명희(권 작가의 소녀 적 이름. 나중에 담희로 법적 처리를 거쳐 개명) 소녀는 그들 자매와는 "어떤 놀이를 하든 승패가 갈라지는 순간 소극적으로 변했다. 일부러라도 지고 싶었다." 그랬건만 어느 날 "모지락스럽게 (머리털이) 쥐어뜯겨 산발이 된 머릿밑은 또 어찌나 아프던지. 손가락 빗질에도 한 움큼이나 빠진 머리카락을 손에 들고 눈물을 뚝뚝" 흘린 참사를 당했다. 비록 1 대 4였기에 중과부적이었지만 "물리적으로 굴복당한 것이 분하고 억울"하여 "산을 넘어 학교에 가는 일이 있더라도 다시는 그 집 앞을 지나지 않을 것이며 콜라네 자매와는 그 어떤 말도 섞지 않으리라 맹세했다."

그런 다음 날 하굣길에 콜라네 집 앞을 지나는데, 이상하리만큼 조용했다. 주인에게도 짖어대던 사나운 '복실이'도 없었다. 그냥 지나치려다가 "하얀 조약돌로 오종종하게 경계를 해놓은 꽃밭"의 "뽀족뽀족 올라온 백합 새싹이" 보이자 뭉클 심술이 솟았다. "순간 나는 발을 들어 경계를 넘었고 재빨리 백합 싹을 뭉개버렸다. 쿵당쿵당쿵당, 온 동네가 다 알아챌 것처럼 심장 소리가 요란했다. 꽁지가 빠지도록 내달렸다. 혹시나 누가 따라와 뒷덜미를 낚아채지나 않을까 온몸이 옴찔옴찔해 자꾸 발을 헛디뎠다." 이로써 전날 당했던 설욕을 푼 개운함을 느꼈을까. 작가는 시침을 뚝 딴 채 이렇게 결말을 짓는다.

다음 날 아침 학교에 가기 위해 콜라네 집을 지나는데 걸음이 천근만근이었다. 안보는 척 백합꽃밭을 곁눈질한다는 것이 너무 티나게 들여다본 것 같았다.

"야, 뭐해? 백합 봐? 어제 우리 복실이 새끼가 죄 밟아놔서 우리 엄마한테 뒤지게 맞았어. 빨리 와, 학교 가자."

저만치에서 콜라가 말했다.

"어… 어. 복실이가 그랬대? 나쁜 새끼…."

콜라네 식구들과는 평생 말을 섞지 않겠다는 맹세는 백합꽃밭에
부려놓고 머리카락 뜯긴 아픔도 잊은 채 콜라가 내민 손을 잡기 위
해 팔랑팔랑 뛰어갔다.

백합은 그 해 다른 해보다 더 많은 꽃을 피웠다. 그리고 복실이는
목줄에 매여 있는 날이 더 많아졌다. 나는 가끔 아무도 모르게 목줄
을 풀어줬다.(「콜라네 백합」)

이 작품은 대책 없는 선량함을 수호하기 위한 방어술로 이 두
요소가 융합해야만 유머정신이 빛날 수 있음을 보여준다. 말하자
면 풍자나 유머란 천국의 산물이 아니라 지옥으로부터의 탈출 요
령이자 아예 애초부터 지옥으로 떨어지지 않도록 미연에 방지하
는 비책인 것이다.

「홍 약방집 자두」가 서정미 짙은 황순원의 「소나기」나 알퐁스
도데의 「별」 같은 계열이라면 「콜라네 백합」은 마크 트웨인의
『톰 소여의 모험』계라고나 할까. 이 두 작품의 소재를 이런 작가
들에게 맡기면 아마 충분히 너끈한 소설로 분장됐을 것이지만 이
를 권 작가는 수필이란 장르로 축약시키는 기교로 해낸 것이다.
혹자는 수필이 소설보다 쉽다지만 축약미의 기교가 얼마나 고난
도인가는 트웨인이 멋진 일화를 통해 전해주고 있다.

어느 날 마크 트웨인에게 한 출판사가 이틀 내에 두 쪽짜리 단편이 필요하다는 취지의 전보를 보냈다. 이에 이 유머의 대가는 이틀 동안이라면 두 쪽짜리 작품이 불가능하나 30쪽짜리는 가능하다며 두 쪽짜리를 쓰려면 30일이 걸릴 거라고 회신했다. 그러나 권담희 작가는 트웨인이 포기했던 두 쪽짜리 작품을 이처럼 맛깔스럽게 써낸 데는 그럴 수밖에 없었던 이유가 있다. 권 작가역시 트웨인처럼 한촌의 빈민층에 속했으나 미국이라는 광활한 대지의 젖줄이라는 미시시피 포구의 한니발 지역과, 겨울이면 얼어붙은 파로호의 얼음이 쩡쩡 우는 소리가 들리는 강원도하고도 군인 주둔지로 유명한 화천이라는 지리적인 차이부터가 그 스케일이 달라진다. 아무리 가난해도 일거리가 다양한 데다 학벌보다 능력 위주였던 사회에서 분방하게 성장할 수 있었던 트웨인의 유년과는 달리 권명희 소녀는 갇힌 사회에서 여성이라는 굴레까지 뒤집어쓴 채 옥수수와 감자를 주식으로 생존해야만 되었다.

3. '맹자 조카'의 트라우마 치유 비법

아버지의 고향은 마산이었지만 권담희 작가의 귀소본능을 유발하는 출생지는 화천으로, 거기서는 "따박따박 들어오는 월급으로 사는 군인 가족"이 우대를 받았다. "그들의 엄마는 예쁜 차림으로 학교에" 나타나면 담임 교사는 "나는 한 번도 마주한 적 없는 담숙한 눈빛이 그 아이들에게 향했다. 육성회비 언제까지 낼거냐고 잡죄는 눈빛에 익숙한 그 밖의 아이들은 뭔지 모를 소외감을 저절로 체득했다. 나는 자꾸 어깨가 수그러들었다. 학교를 그만두고 싶은 생각이 종종 들었다."

이런 처지에서 소녀 명희는 아무리 착하고 글짓기를 잘해도 육성회비 독촉에 시달리는 문제아였을 뿐이었던 차에 3학년 때 부득이한 사정으로 점심시간 이후 오후 수업에 지각하게 되었다. 교실 앞이나 복도에서 손들고 몇 분 동안 서 있는 정도의 체벌이어야 정상이건만 담임은 자신의 기분에 따라 모욕적인 체형을 가했다.

뺨을 맞는 날은 모멸감에 맞은 쪽뿐만 아니라, 온 얼굴이 붉게 타올랐다. 차라리 불타 없어졌으면 좋겠다는 생각도 했다. 막대기로 맞을 때는 정말, 발목이 부러진 것 같은 통증에 그 순간은 아무 생각도 할 수 없었다. 자축거리는 다리를 끌고 자리로 가 앉으면 온몸에 열이 오르고 약이 바짝 올랐다. 이게 이렇게까지 맞을 일인가. 내가 군인 가족이었다면 어땠을까. 적어도 맞는 일은 없을 거라 확신했다. 엄마한테는 맞았다는 말도, 동생 보러 점심시간에 안 오겠다는 말도 하지 않았다.(「맹자 조카」)

지난 2023년 7월 18일 교내 교보재 준비실에서 스스로 목숨을 끊은 서울 서이초등학교 교사 자살 사건과 비교해 보면 격세지감이 나는 장면이다. 2010년 경기도에서 처음 시작된 '학생인권조례'가 다른 지역으로도 퍼져나가자 이미 중장년 이상 된 이들 중 학창시절에 당했던 교사폭력으로 일생 동안 트라우마에 시달렸던 적잖은 사람들이 옛 스승을 고발하는 풍조가 일어나기도 했다. 권명희 소녀도 이 대열에 끼어들 뻔했지만 운 좋게도 5학년 담임이 붙여준 '맹자 조카'란 별명 때문에 그 상처들을 말끔히 치유할 수 있었던 정황을 다룬 게 「맹자 조카」다.

"그날도 학교 변소에 쪼그려 앉아 학교를 그만둘까 고민했다. 군인 가족이 아닌 이상 아무리 공부를 잘해도 이번 담임 역시 내 눈길 너머에 있을 것이었다." 얼굴이라도 예쁘다면 승산이 좀 있을 텐데라는 묘수는 그건 군인 가족 되는 것보다 더 힘든 일이란 걸 자인한 날이었다.

그런데 사회 시간에 담임이 권명희 생도가 국어 다음으로 좋아했던 역사 퀴즈를 내자 그녀에게는 "그 정도 퀴즈야 껌이었다.

작품 해설 311

손 들어봤자 지목하지 않을 거란 생각에 앉아서 답을 툭툭 내뱉었다. 손들지 않고 말했다고 혼내려는 건가?" 지레 겁먹고 2년 전 악몽이 떠올라 "도망갈까. 이대로 도망가면 학교는 이제 끝일 텐데. 뭐, 어차피 때려치려고도 했었잖아. 엉거주춤 일어나는 동안 발 하나를 책상 옆으로 뺐다."

그런데 담임은 "권맹희, 제법 똑똑하네. 맹희니까 이제부터 맹자 조카 해라."는 것이 아닌가. 명희란 내 이름을 급우들이 '맹희'라 불렀던 데서 나온 담임의 기발한 발상이었다. 관심받고 싶은 욕구에 목말라 있던 터에 '맹자 조카'란 별명은 이 소녀를 반짝반짝 빛나게 하여 "해진 고무신과 낡은 책가방으로도 당당했다. 아버지가 군인이 아니어도 괜찮았다. 가난한 집도 부끄럽지 않았다. 엄마한테 자주 선생님 얘기를 했고 많이 웃었다."

이 작품을 건성으로 읽으면 권 작가가 너무 쉽게 트라우마를 치유한 것으로 넘길 소지가 있지만 정독하노라면 그녀 자신이 이를 벗어나기 위해, 즉 담임의 주목을 받고자 공부도 열심히 한 데다 자신이 유독 좋아했던 국어와 역사에 열심이었던 사실을 느끼게 될 터이다.

서러운 건 권명희 소녀만이 아니다. 공부도 잘하는 데다 맏이인

큰오빠는 고교엘 다녔으나 작은오빠는 아예 큰오빠를 위해 중학 진학도 포기했다. 후일담이지만 큰오빠는 3사관학교를 졸업, 소위로 임관했지만 작은오빠는 국졸 학력이라 방위병으로 근무했다. "현역 군인보다 뭔가 부족하고 모자라다 생각해서 대 놓고 하대하던 시절"이라 "오죽하면 'ㅈ도 방위냐'라는 말이 생겼을까. 그 "어설픈 자존심이나마 지켜내느라 뒤늦게 찾아온 질풍노도와 같은 격랑"을 작은 오빠는 기타를 튕기고 밥통을 두드리며 노래로 풀어댔다. 작은오빠와 엇비슷한 처지의 동네 또래들과 어울려 밤늦도록 기타를 둥둥대며 고성으로 불렀던 노래 18번이 "하염없는 이 스을프ㅡㅡㅡㅡ음 / 찻잔에 비이 내에리네 / 아름답던 네 모습 떠나고 어없네 / 두울이서 앉았더어언어어언 / 구석진 그으 자아리엔 / 안개처럼 뽀오얀 다암배 연기이만"였다.

이 노래의 절정은 '당당당당' 부분이다. 요즘 들어 저 무리는 '블루진'이라는 혼성 듀엣이 부른 「서글픈 사랑」을 허구헌 날 불러댄다. 내가 라디오에서 들어본 「서글픈 사랑」은 애끓는 남자 가수의 목소리와 담백한 여자 가수의 목소리가 어우러져 서글픔이란 것이 담담한 슬픔 같은 감정이라 느끼게 한 노래였다. 하지만 저 무리는 무슨 군가 부르듯 씩씩하고 장엄하게 그리고 소란스럽게 불러젖힌다. 그리고 원곡에도 없는 '당당당당'을 삽입해 무슨 한풀이 하듯 절정을 만들어낸다.(「웬일일까 당당당당」)

이 노래가 폴 앵카Paul Anka의 「Crazy Love」 번안곡이란 것을 한참 뒤에야 알게 된 작가는 "제목을 '서글픈 사랑'이라 한 것이 다행이란 생각이 들었다. 직역해서 '미친 사랑'이라 했다고 설마 오빠가 미쳐 날뛰기야 했으랴만, '서글픈 사랑'을 부르며 본인의 처지를 자위하지 않았을까 싶어서이다." "슬픔을 이기는 힘은 그 슬픔을 직시하는 데서 나온다고 하지 않는가." 이 작품은 당시 우리 사회의 천대받았던 계층의 한 단면을 잘 묘파해낸 수작이라 할 만하다.

이렇게 초등학교를 마친 그녀는 고향에서 중학교를 졸업한 후 바로 진학할 처지가 못 되어 시집간 언니가 있는 마산(현재 창원시로 편입)으로 갔다. 1980년대 마산은 '수출자유지역' 국가산업단지로 일자리가 넘쳤고, 노동자들을 위한 산업체 부설 야간 고등학교가 있었다. 그곳 어느 전자 회사 공장에서 아침 8시 반부터 밤 9시까지 단순 반복 노동을 하며 "언니네 집에서 독립할 자금과 입학금을 모으려 동동거렸지만 요원했다. 노동에 갇혀버린 내

314 주황색 거짓말

열일곱 살이 안타까워 퇴근길 버스에서 찔끔찔끔 눈물을 찍어내기도 했다."

파로호의 산악지대 화천 소녀가 바다를 처음 본 경이로움으로 꿈에 부풀었던 야망에도 향수를 달랠 길 없어 간고등어가 상기되곤 했다. 고향에서는 비린내 때문에 그토록 피했던 고등어, "이따금 나타나는 생선 장수의 리어카엔 소금꽃이 하얗게 핀 간고등어"가 떠올라 어시장을 지나다가 고등어에 시선이 갔다. 굳이 간고등어가 필요 없었던 항구인지라 '생물 고등어'였다. 그걸 본 사춘기의 꿈 많던 권명희는 "등 푸른 고등어처럼 넓은 바다를 힘차게 튀어 오르고 싶어"졌다는 게 작품 「마산 간고등어」다.

권담희 작가의 성장기를 조감도로 나타내자면 제1기는 고향 화천에서 마산까지를 무대 삼아 거듭되는 난관을 극복해 내는 슬기를 스스로 터득한 과정이다. 이를 익살맞게 형상화시킨 게 이 작가의 성장 수필세계라 하겠다. 이제 육지와 바다 풍경을 두루 겪은 이 숙녀 후보생은 오매불망 고향으로 다시 돌아가자 '후보' 딱지를 뗀 채 20대 초반의 아가씨로 변모, 어엿한 직장 여성이 되었다. 화천의 진국은 "얼어붙은 파로호가 쩡쩡 우는 소리를 내는 차디찬 밤에 쩔쩔 끓는 아랫목에서 속이 덜덜 떨리는 동치미 막국수를 먹는 맛" 보는 것이다.

작품 해설 315

필시 그때도 이미 권 작가는 지금과 별로 다를 바 없는 '소문만 복래'의 웃음꽃을 듬뿍 담았을 것이다. 직장 동료들을 따라간 곳은 옆 동네의 예약제로 갈 수 있는 막국수 집이었다. 본디 국수를 좋아하지 않는 권 작가가 선뜻 따라나선 데는 "메밀 면이라고 하니 밀 면과는 뭔가 다른 맛이 있을 거라는 기대와 그리고 그 남자가 있어서였다." 꽁꽁 얼대로 언 눈길을 걸으며, 일행 중 누군가가 "캬하, 좋다! 막국수 먹기 딱 좋은 날이네. 연애하기도 딱 좋은 밤이고, 흐~."라고 하여 "요샛말로 썸 타고 있던 나는 괜히 뜨끔했다."

그러나 막상 한 젓가락 먹고 나자 "뭐지? 이 맛은?"이란 실망감에 빠졌다.

억지로라도 맛에 대한 호감을 표현하려 얼굴을 드니 남자가 면수麵水를 건네며 내 그릇의 국수를 건져갔다. 메밀면을 삶은 물이라는데 간장이 살짝 들어간 면수는 구뜰하고 뜨끈했다. 그 남자의 눈빛도 뜨끈했다. 돌아오는 길에 우리는 사람들 틈에 묻혀 걷다가 슬쩍슬쩍 손 등을 부딪쳤다. 탐색전을 끝내고 마음을 열겠다는 신호였을까. 막국수는 '니 맛도 내 맛도' 아니었지만, 그 남자는 내 남자가 되었다.(「면수」)

그래서 권 작가는 고향에서 영원한 짝까지 얻었다. 그는 "사장보다 더 사장처럼 일하는 사람"이라 면수처럼 담백하나 간장을 살짝 쳐서 마시면 구수하고 뜨끈해진다. 그런 그에게 작가는 "메밀 사리도 없이 새빨간 양념을 올려라, 김 가루를 뿌려라, 참기름을 부어라, 은연중 압박"을 가해서 "저리 주름이 깊어졌나 싶어별안간 짠한 생각"이 들곤 한다. 따지고 보면 인생살이가 죄다 면수 맛에서 오십 보 백 보 아닐까.

4. 꽃처럼 문을 쾅 닫아 건 세상에서 케렌시아 찾기

이 고향, 가난과 상처와 함께 동심과 꿈의 모태였던 화천에는 비단 작가 자신만의 향수가 아니라 '주황색 거짓말'이 아예 몸에 밴 입심 좋은 어머니 강귀남 여사(「주황색 거짓말」)의 삶, 권담희 작가의 절망과 좌절보다 몇천 배나 더 육중한 시지프스의 바위를 업으로 짊어진 채 살아야 했던 모성애도 함께 서려 있다. 필시 이 작가의 입담과 기지는 이 어머니로부터 물려받았을 것이다. 「그녀의 타인」 「동거인」 등등에 부조浮彫된 강귀남 여사의 삶은 이세대의 한국적 모성상母性像을 전형적으로 그려낸 빼어난 작품들로 삼을 만한데, 그녀들의 꿈은 「엄마의 안 박사」에 삽입된 이분

작품 해설 317

녀라는 할머니의 시에 너무나 생생하게 그려져 있다.

　어릴 적 나의 꿈은 / 남의집살이 안 하고 / 배불리 밥 먹는 것이었
네 // 젊은 때 나의 꿈은 / 새벽부터 일어나 밭일하며 / 자식새끼 배
불리 밥 먹이고 / 학교 내 힘으로 보내는 것이었다. // 지금의 내 꿈
은 / 삐뚤거리는 글씨로 / 죽은 남편 묘 위에 / '고맙다'는 글 한번 써
서 / 그리운 남편 옆에서 잠드는 것이라네.(이분녀, 「나의 꿈」, 시집
『엄마의 꽃시』 게재)

이런 엄마와는 달리 아버지는 "남들 리어카 살 때 지게 졌고, 경
운기 끌 때 리어카를 샀다. 차는 고사하고 자전거를 한 몸처럼 여
겼다. 경남 마산에서 강원도 화천으로 거처를 옮겨 산 세월이 내
나이만큼 흘렀어도 돌아가실 때까지 경상도 사투리"를 썼던 아버
지(「차 대가리 빠진다」)는 천상 경상도 남정네로 투박하게 온 생
애를 보냈다.

　이런 눈치 없는 아버지는 자신보다 더 보잘것없는 동네 청년 희
복에게 스스럼없는 놀림감이 되곤 했다. 작가보다 한 살 위인 희
복은 너울가지가 좋아 동네 어른들 누구에게나 농짓거리를 해대
는 노총각 처지였다. 그런 희복이 느닷없이 아버지에게 "아저씨

가 희야를 몇 살에 낳은 거야? 오십 살에 낳은 거야? 우와, 오십 살이면 할아버지인데 할아버지가 어떻게 애를 낳지? 희한하네." "우와~ 아저씨 정력 최고야. 쉰 살에 희야를 낳았대요. 그리고 동생도 둘이나 있대요. 얼레리꼴레리."

이 말에 아버지 얼굴은 "사립문에 걸린 노을빛"을 닮아갔지만 눈치가 코치인지라 고작 "고마 해라. 이늠 자슥아. 니 느그 집에 안 가나? 가라, 빨리!"라고 할 뿐 뾰족한 방어를 못 하자 어머니의 입심을 물려받은 권 작가는 바로 그를 옴짝 못 하게 만든 딱 한 마디가 "야! 니 꼬추 괜찮냐?"였다.

남자아이들이 뻣뻣한 싸구려 청바지가 유행이었을 때 지퍼가 거칠어 옷 솔기가 거기에 끼이면 엄청 애를 먹던 시절에 희복은 맨살에 청바지 차림으로 소변을 보고는 급하게 지퍼를 올리다가 고추가 끼어버린 것이다. 아파 죽는다고 울고불고 난리를 치자 "온 동네 어른들은 그 집 변소 앞"으로 모여들어 손을 대면 댈수록 희복의 울음소리는 더 커졌다. "고무줄놀이 하다가 소문을 듣고 죄 몰려간 우리는 이만큼 떨어져서 눈을 질끈 감았다. 어쨌거나 살점이라니 얼마나 아플까 상상했다." 어찌어찌 살점을 빼내자 희복은 금세 울음을 그쳤지만 그 소문은 생생하게 남았는데, 권명희는 그 금기어를 들먹인 것이다.(「아버지 쉰에 나를 낳으시고」)

이런 추억이 고스란히 살아 있는 고향인지라 화천이라면 만가輓歌까지도 회억할 정도로 살갑게 여겨 「회다지 소리」를 썼다.

"실낱같은 이내 몸을 쇠사슬로 잡아매어 / 에이허어리 다알공 / 끌어내니 혼비백산 나는 가네 나는 가네 / 에이허어리 다알공"
"서산에 지는 해는 지고 싶어 지며 / 에이허어리 다알공 / 오늘 가는 나는 가고 싶어 가나 / 에이허어리 다알공"(「회다지 소리」)

이런 고향, 화천의 산골에서도 동네 골짜기 외딴집으로 고난의 세월을 이겨낸 이 일가는 드디어 마을 가운데 살구나무가 있는 집으로 영전하여 권명희 소녀에게도 '저 골짜기 희야'에서 '살구나무집 희야'로 불리게 되긴 했으나 여전히 파로호의 정서는 그대로다.(「살구나무집 희야」)

그러나 세상살이는 고향에서와는 달라 어딜 가나 사람들이 다 각자의 가슴의 문을 꽁꽁 잠근 채다.(「꽃이 문을 꽝 닫고」)

이런 매정한 세상 물정은 권담희 작가에게만 나타난 특유의 현상이 아니라 어느 시대 어느 사회에서나 누구도 피할 길 없는 생존 보존인 정글의 법칙의 본 모습에 다름 아니며, 인간이 만든 많은 문물제도와 교육과 문명이란 이를 지혜롭게 헤쳐 나갈 수 있도록 해주고자 존재한다. 그런데도 여전히 세상은 고해이고 닫힌 문들이 더 탄탄해지는 형국이다. 그럴 때 사람들은 저마다의 안식처를 탐색하고자 신앙이나 술, 여행, 새로운 사랑 등등에 기대기도 한다. 그중 노마드 사회에서 비교적으로 편하게 선택하는 게 여행인데, 권담희 작가는 그 대상지가 바로 고향이 된다. 안식처 찾기를 상징하는 케렌시아란 "투우 경기장에서 투우사와 마지막 결전을 앞둔 소가 잠시 쉬는 곳"을 일컫는 말인데, "최근에는 바쁜 일상에 지친 현대인들이 나만의 휴식처를 찾는 현상으로도 해석하는 단어"로 승화되어, "몸은 물론이고 마음까지도 충분히 비우고 휴식을 취할 수 있는 '케렌시아'를 원하는 마음이, 집에 있어도 집에 가고 싶은 환상통을 만들어 내는 모양이다."라고 작가는 풀어준다.(「집에 가고 싶다 증후군」)

"삶에 지친 현대인들 95%가 가진 신흥 증후군"인 '집에 가고 싶다'는 향수병은 귀소본능歸巢本能이 더 정교화되어 후기 산업 사회를 휩쓸고 있는데, 이 환상통은 "집에 있는데도 집에 가고 싶은 현상이다."라고 작가는 덧붙여준다.

그래서 작가 권담희의 문학적 노른자위인 가장 뛰어난 작품들은 다 이 케렌시아를 향한 행복 찾기를 다룬 글들이라고 나는 평가한다. 행복이란 인류의 얼굴이 각양각색이듯이 저마다 다르지만 모든 물이 바다에서 만나듯이 그 원리는 저마다의 불안의식을 떨쳐내고 각자의 케렌시아로 돌아가는 것이라 하겠다. 이를 이루는 방법을 고정희 시인은 "이 어둠 속에서 우리가 할 일은 / 오직 두 손을 맞잡는 일 / 손을 맞잡고 뜨겁게 부둥켜안는 일 / 부둥켜안고 체온을 느끼는 일 / 체온을 느끼며 하늘을 보는 일"(고정희 「서울 사랑-어둠을 위하여」)이라고 했다. 이어 고 시인은 그런 세상을 이룩하려면 "내가 불을 붙이지 않거나 / 그대가 불을 붙이지 않거나 / 우리가 불을 붙이지 않는다면 / 이 어둠을 어떻게 밝힐 수 있을까."(고정희, 「그 가을 추도회」)라고 했다.

권 작가는 밥 먹기도 어려운 세파에 시달리면서 "야간 고등학교라도 가기 위해 낮에 공장에 다니며 학비를 벌어야 할 때부터" 뼈에 사무친 열등감과 불안의식으로 언제나 "현재를 빨리빨리 보내고 싶었다. 순간에 집중하지 못하고 막연하게 미래"에 기대를 걸어 "나에게 행복이란 언제나 미래에 있는 것이었다."(「30초」). 그러려면 우선 인생 후반부의 생존조건을 확보해야만 되었기에 「밥도둑과 엄마찬's」「(가)족 같은 분위기」「한 달에 삼천만 원」 등등, 이 재기발랄한 작가가 직접 몸을 던져 일해 보았던 갈등을 다룬 일련의 작품들은 하나같이 눈부시다. 실패한 반찬가게 경영담이나, 230여 세대 아파트의 경리 겸직 관리소장직으로 있으면서 직원 채용공고에다 사족처럼 달았던 "가족 같은 분위기의 조용한 단지입니다."라는 표현 때문에 함부로 꾸짖지도 못하면서 불화가 넘쳐나는 현대 사회에서 가족이란 술어가 마치 'ㅈ'처럼 느껴지는 심경의 소회를 그린 글도 일품이다. 이런 체험 중 권담희 작가는 한 달에 삼천만 원을 번다는 '농작물재해보험 손해평가사'라는 마력에 홀려 그 자격증만 얻으면 만년에 귀향하여 거금을 벌 꿈에 부풀어 요모조모 따진다. 결국은 "이솝우화 속 여우의 신 포도처럼 저 높은 곳에 매달려 익어가고 있다. 단 포도인지 신 포도인지는 노력해 따 먹는 자만이 알겠지. 그리고 나는 한동안 포도가 익어가는 길을 비켜서 다닐 것 같다."라고 포기한 전말기를 다룬 작품 「한 달에 삼천만 원」 역시 삼삼하다.

작가가 드라마 「무브 투 헤븐」을 보고 알게 된 것은 죽은 사람의 '유품 정리사'의 일상이다. 이 지상에서 맞게 될 죽음이란 빈부귀천에 상관없이 불시에 덮치며 그 사후에는 하잘것없다는 게 만고불변의 진리였다.

이런 인생무상을 알기에 지극히 행복해 보였던 한 남자는 어느 여인의 집엘 들렸다가 구수한 밥 냄새에 반해 바람둥이로 변신하기도 하는 그야말로 덧없고 매정스러운 이야기도 관심을 끈다. (「그 여자네 밥 냄새」)

세상이란 자신이 추구하던 행복이 도리어 화로 변신하기도 하는 막가파가 아닌가. 이런 판국에 행복이란 무엇일까. 작가는 이를 지극히 이성적으로 접근하면서 신자유주의 경제 체제에 걸맞게 '파이어(FIRE)족'을 추구하고 있다. "Financial(금융), Independent(독립된), Retire(은퇴), Early(이른) 단어들의 앞글자를 딴 FIRE족은 경제적으로 독립해 조기에 은퇴하는 것을 목표로 하는 젊은 세대의 새로운 라이프 스타일"이다. "30대 후반, 늦어도 40대 초반에 은퇴하는 것을 목표로 20대부터 극단적으로 지출을 줄이며 소득의 70% 이상을 저축하고 투자하여 재정적 자립을 추구하는 생활방식"이다. 그러나 작가의 처지로서는 소득의 "100%를 저축해도 실현 불가능한 얘기라 금세 실망감이 몰려왔다." 이래서 권 작가는 "파이어족처럼 조기 은퇴는 아니더라도 간헐적 은퇴는 어떨까. 좀 쉬어도 되지 않…을까."라고 수정한다.(「30초」)

이런 수정형 행복감이라도 즐기려면 「로제트 방식」으로 삶을 영위할 것을 제안한다. "로제트 식물은 독특한 방식으로 겨울을 이겨낸 만큼 다른 식물보다 빨리 이른 봄에 꽃을 피우고 열매"를 맺고는 "가을에 또 한 번 꽃"을 피운다. 파로호의 겨울 맛을 터득한 권 작가다운 처세요 행복관에 다름 아니다.

행복관이 섰다고 다 탁월한 작가가 되는 건 아니다. 권 작가에게는 현상을 파악, 인식, 판단하는 건전한 변증법적인 발상력과 관찰력이 돋보인다. 「애들이 다 똑같이 생겼어」는 신생아실에서 남정네들이 갓난아기들을 보고 다 똑같아 구별 못 한다는데 대해 "안 똑같고 다 다르게 생겼어. 한 번 얼굴 보면 엄마들은 다 구별하거든!"이라고 항변한다. 이처럼 남자에게는 보는 눈은 없고 듣는 귀만 있다는 옛말처럼 모성애로 보는 세상은 다를 수밖에 없다. 이런 관찰력에다 감각적인 묘파력까지 돋보이게 만든 작품이 「촌발 날리기」와 「삼매에 들겠네」 등등이고, 에로티시즘을 풍기면서도 음란에 흐르지 않도록 적절히 조절한 작품으로는 「냉동 팬티」 「무엇에 쓰는 물건이었을꼬」 「어떤 자세」 등인데 독자들이 직접 읽고 즐기기 바란다.

마지막으로 권 작가의 삶과 문학적 감성을 총화시킨 감동적인 수작인 기행문을 놓치지 마시기를 신신당부한다. 조정래 작가의 대하소설 『아리랑』 문학기행인 이 글의 제목은 「퉁게퉁게, 울끈 불끈」이다. 여행을 함께 해보면 그 사람됨을 알 수 있다는 말처럼 이 기행 동반자는 이민옥, 박은실, 이성화와 권 작가로 그들은 '아흐동 주민'이라 자칭한다. 넷 다 수필가로 절친이라 출발 전 소설을 독파한 뒤라서 더더욱 의기투합한 데다 함께 수수밭 동아리의 주역급들이기에 도원결의桃園結義가 아니라 '징게맹갱외에밋들' 결의는 됨직하다.

그간 많은 『아리랑』 문학기행이 나왔지만 이 글만큼 진국이 잘잘 흐르는 맛깔스러운 기행은 그리 흔치 않다. 기행수필 학습에 좋은 참고가 될 것이다.

바라건대 권담희 작가에게는 처녀 수필집인 이 『주황색 거짓말』이 널리 사랑받기를 바란다.